はじめに

　本書は、世界最大のニュース専門テレビ局CNNの放送から、短い英語ニュースを20本選りすぐって収録したものです。1本は、集中力を切らさずに聞き通せる、30秒ほどの長さになっています。

　ダウンロード方式でご提供するMP3音声には、CNNの放送そのものである「ナチュラル音声」のほか、ナレーターがゆっくり読み直した音声が「ポーズ（無音の間）入り」と「ポーズなし」で収められています。これら3パターンの音声を使ってリスニング練習を行うと、世界標準のニュース英語がだれでも聞き取れるようになるはずです。［30秒×3回聞き］方式と本書が呼ぶこのリスニング練習には、通訳者養成学校でも採用されているサイトトランスレーションや区切り聞き、シャドーイングといった学習法が取り入れられているからです。

　日本語訳を見て英語に戻す「反訳」を行うことで、発信型の練習もできます。

　巻頭に「3つの効果的な学習法」および「本書の構成と使い方」という記事があるので、実際の練習に入る前に目を通しておくことをお勧めします。

　なお、アメリカ英語（カナダ英語を含む）、イギリス英語（南アフリカ英語を含む）、オーストラリア英語のニュースがバランスよく配分されていることも本書の特長です。発信地も、アメリカとイギリスはもとより、日本や韓国、オーストラリア、ベルギーなど多彩ですから、最後まで興味深く聞き進められるでしょう。

　TOEIC®テスト形式の問題や発音の解説、重要ボキャブラリーやニュースの関連情報なども掲載されています。活用し、より正確な理解の助けとしてください。

　また、本書のご購入者にはMP3音声と併せて電子書籍版(PDF)も無料で提供させていただきます。入手方法は巻末にありますので、ご覧ください。

　最後に、本書収録のコンテンツは月刊英語学習誌『CNN English Express』の記事・音声を再編集したものであることをお知らせしておきます。新鮮なニュースと役立つ学習情報満載の雑誌は、本書と並行してご使用いただいても有益です。

2021年3月
『CNN English Express』編集部

CONTENTS

　本書は「30秒×3回聞き」方式を採用しています。これによって、だれでも世界標準の英語ニュースが聞き取れるようになるはずです。

　「30秒×3回聞き」方式とは、30秒という集中力が途切れない長さのニュースを、3種類の音声で聞くというものです。そのためダウンロード方式でご提供するMP3音声には、各ニュースが「ナチュラル音声」、「ゆっくり音声（ポーズ入り）」、「ゆっくり音声（ポーズなし）」という3種類で収録されています。また、文字としてもそれらに対応する形の英文が掲載されています。

　これらの音声や英文は、ただ単に聞いたり読んだりするのではなく、以下に示すサイトトランスレーション、区切り聞き、シャドーイングという3つの学習法と結びつけることで高い効果を生むようになっています。

❶速読能力が高まるサイトトランスレーション

　俗に「サイトラ」と呼ばれます。英語でつづると sight translation です。sight は、名詞として「視力、視覚」、形容詞として「見てすぐの、初見での」という意味を持ちます。目にしたところからすぐに訳していくのが sight translation です。

　サイトラの練習では、英文を頭から語順通りに目で追い、情報・意味の区切り目と思われる個所にスラッシュ（／）を書き入れ、区切られた部分をすぐに訳します。それを英文の最後まで次々と繰り返すのですが、こうした訳し方を「順送りの訳」と呼ぶこともあります。

　なお、英文をどのくらい細かく区切るか、どこを情報・意味の区切り目としてスラッシュを入れるかは人それぞれでよく、絶対的なルールがあるわけではありません。

利点・効能 ｜ サイトラを行うと、書かれた英文がその語順通りに理解できるようになり、自然と「速読」に結びつきます。そして、英文を素早く理解できるようになるということは、英文を英文としてそのまま理解できるということにつながっていきます。また、「読んで分からないものは聞いても分からない」という原則に従えば、サイトラの速読能力が「区切り聞き」で養う速聴能力の土台になるといえます。

本書での学習法 ｜ 本書では、各ニュースに、普通の英文とスラッシュで区切られた

英文、およびそれらの訳文を掲載しています。まずはスラッシュで区切られた英文を順番にどんどん訳していき、掲載の訳文で正しく理解できたか確認しましょう。

　本書で示されたスラッシュの入れ方や訳文はあくまで一例です。これに従ってしばらく練習しているとサイトラのやり方が感覚的につかめてきますので、やり方が分かったら、普通の英文を自分なりの区切り方で訳してみると、よい練習になります。また、区切られた日本語訳の方を見ながら順番に英語に訳していく「反訳」（日→英サイトトランスレーション）を行うと、英語での発信能力が格段に向上します。

練習のポイント ｜ サイトラはなるべく素早く行うことが大切です。英文は「読んだ端から消えていくもの」くらいに考えて、次々と順送りの訳をこなしていきましょう。そうしているうちに読むスピードが速くなるはずですし、区切り聞きにもつながります。

❷速聴能力が高まる区切り聞き

　サイトラをリスニングのトレーニングに応用したのが、「区切り聞き」と呼ばれる学習法です。サイトラでは英語が目から入ってきましたが、区切り聞きでは英語が耳から入ってくることになります。

　区切り聞きの場合、英文にスラッシュを入れる代わりに、情報・意味の区切り目と思われる個所でオーディオプレーヤーを一時停止させ、すぐに訳します。その部分を訳し終えたら再び音声を先に進め、同様の作業を繰り返していきます。

利点・効能 ｜ 区切り聞きを行うと、話された英文がその語順通りに理解できるようになり、自然と「速聴」に結びつきます。そして、英文を素早く理解できるようになるということは、英文を英文としてそのまま理解できるということにつながっていきます。

本書での学習法 ｜ だれでも英語ニュースが聞き取れるようになるよう、本書では区切り聞き練習を重視しています。ご提供するMP3音声に収録されている「ゆっくり音声（ポーズ入り）」を利用することで、オーディオプレーヤーを自分でいちいち一

時停止させる面倒がなくなり、区切り聞きがしやすくなっています。ポーズ（無音の間）の位置はサイトラのスラッシュと同じにしてありますが、ポーズで区切られた部分を素早く訳していきましょう。

　MP3音声には、各ニュースが「ナチュラル音声」、「ゆっくり音声（ポーズ入り）」、「ゆっくり音声（ポーズなし）」の順番で入っています。まずは「ナチュラル音声」を聞いて全体の内容を推測し、次に「ゆっくり音声（ポーズ入り）」を使った区切り聞きで部分ごとに順番に理解できるようになり、その後「ゆっくり音声（ポーズなし）」で全体を頭から素早く理解していくことができるかどうか試してみてください。

　なお、最後には、全ニュースのナチュラル音声だけを集めて、もう一度収録してあります。これらを頭から素早く理解していけるようになるのが最終目標です。

練習のポイント ｜ 音声は流れる端から消えていってしまいます。英文を後ろから前に戻って理解するなどということはできないため、耳に入った文を瞬時に理解する英語力と集中力が求められます。このトレーニングによってリスニング力は必ず向上するので、集中力を高める訓練をするつもりで挑戦してみましょう。

　特にニュースを聞く場合、背景知識があると情報がすんなりと頭に入りますから、日ごろからいろいろな記事について興味を持っておくことも大切です。本書には「ニュースのミニ知識」や「ワンポイント解説」が掲載されているので、役立ててください。

　英文は論理的と言われますが、特にニュースでは、全体の起承転結の流れはもちろん、ひとつのセンテンスの中でも、「①だれ（何）が ②だれ（何）に対して ③何を ④いつ ⑤どこで」という情報がかなり秩序だって含まれています。このような情報を意識して聞くと、リスニングも楽になります。

❸総合力を養うシャドーイング

　シャドーイングは英語でshadowingとつづります。shadowという語には動詞として「影のように付いていく」という意味がありますが、学習法としてのシャドーイングは、聞こえてくる英語音声を一歩後から追いかけるようにリピートしていくものです。オリジナルの英語音声に遅れないように付いていく様子が「影」のような

で、こう名づけられました。

利点・効能 ｜ シャドーイングは、今聞いた音声をリピートしながら、同時に次の音声のリスニングも行うというものなので、アウトプットとインプットの同時進行になります。そのため同時通訳のトレーニングとして普及しましたが、一般の英語学習者にも有益であることがいろいろな研究で認められています。

　通常のリスニング練習は学習者が音声を聞くだけ、すなわち受動的なやり方であるのに対し、シャドーイングは学習者の参加を伴うもの、いわば能動的な学習法です。この能動的な学習法は、受動的なものに比べ、よりいっそう集中力を高める訓練になり、リスニング力を向上させます。また、正しい発音やイントネーションを身につける訓練にもなり、ひいてはスピーキング力を高めるのにも役立ちます。

本書での学習法 ｜ シャドーイングは難易度の高い学習法なので、「ナチュラル音声」でいきなり練習するのではなく、最初は「ゆっくり音声（ポーズなし）」を利用するのがよいでしょう。それでも難しいと感じる人も多いでしょうから、「ゆっくり音声（ポーズ入り）」から始めるのも一案です。ポーズが入った音声を用いるのは本来のシャドーイングとは違うという考え方もありますが、無理をして挫折することのないよう、できることから始めてください。

練習のポイント ｜ シャドーイングでは、流れてくる音声を一字一句リピートしなければならないため、ひとつひとつの単語に神経を集中するあまり、文全体の意味を把握できなくなることがよくあります。きちんと論旨を追いながらトレーニングすることが大切です。

　ただし、区切り聞きのように日本語に順次訳していこうと思ってはいけません。英語を正確に聞き取り、正確な発音とイントネーションでリピートしようとしているときに、頭の中に日本語を思い浮かべていては混乱するだけだからです。シャドーイングには、区切り聞きから一歩進んで、英語を英語のまま理解する力が必要になってきます。

　もしも英語でのシャドーイングがどうしても難しすぎるという場合は、まず日本語でシャドーイングする練習から始めてみましょう。

本書では各ニュースに2見開き(4ページ)ずつ割り振ってありますが、それぞれの見開きは以下のように構成されています。

| パターンA

① MP3音声のトラック番号

ダウンロード方式でご提供するMP3音声には、各ニュースが「ナチュラル音声」、「ゆっくり音声(ポーズ入り)」、「ゆっくり音声(ポーズなし)」という3種類で収録されています。また、MP3音声の最後には、全ニュースのナチュラル音声だけを集めて、もう一度収録してあります。これらのうち「ゆっくり音声(ポーズ入り)」を除いたトラック番号が最初の見開きに示されています。「ゆっくり音声(ポーズ入り)」のトラック番号は次の見開きにあります。

なお、「ナチュラル音声」はCNNの放送そのままですが、「ゆっくり音声」は学習用にプロのナレーターが読み直したものです。

② アクセント

「ナチュラル音声」のアクセント、すなわちCNNキャスターのアクセントを表しています。本書は、アメリカ英語(カナダ英語を含む)のニュース10本、イギリス英語(南アフリカ英語を含む)のニュース5本、オーストラリア英語のニュース5本をピックアップし、アクセント別に構成してあります。これらのアクセントはTOEIC® L&Rテストのリスニングセクションにも採用されているので、受験対策としても役立ちます。

なお、「ゆっくり音声」のナレーターは基本的にアメリカ英語です。

③ ニュースのトランスクリプト

「ナチュラル音声」で30秒前後の短いCNNニュースのトランスクリプト(音声を文字化したもの)です。重要ボキャブラリーで取り上げている語には色をつけてあります。

④ リスニングのポイント

このニュースに見られる音の変化や発音の特徴などが解説されています。アメリカ英語の最初のニュース2本およびイギリス英語とオーストラリア英語の最初のニュースだけに付いている記事です。

⑤ ニュースの日本語訳

③のトランスクリプトに対応した日本語訳です。

⑥ 重要ボキャブラリー

各ニュースから5つずつ取り上げています。ニュースの文脈の中で使い方やニュアンスをつかみながら、ボキャブラリーを増やしていきましょう。なお、巻末には「ボキャブラリー・チェック」が付いていますので、復習に利用してください。

⑦ ニュースのミニ知識

このニュースの背景や関連情報が記載されています。背景知識があると、英語を聞いたときに情報がすんなりと頭に入ります。

⑧ ニュースの発信地

ニュースの舞台となっている国・地域または団体・組織などを示します。

最初の見開き

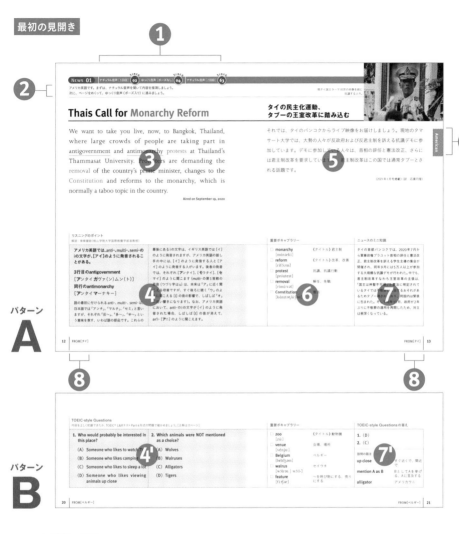

パターン A

パターン B

パターンB

④ TOEIC-style Questions

ニュースの内容が理解できたかどうかを確かめる問題です。TOEIC®L&Rテスト Part 4 と同じ 4 択形式です。全20本のニュースのうち、アメリカ英語の最初の 2 本とイギリス英語・オーストラリア英語の最初の各 1 本を除いた、16本のニュースに付いています。

⑦ TOEIC-style Questions の答え

④の問題の答えです。設問の語注も掲載されています。

①　MP3音声のトラック番号

「ゆっくり音声（ポーズ入り）」のトラック番号が示されています。

②　アクセント

「ゆっくり音声」のナレーターは基本的にアメリカ英語ですが、ここに示されているのは「ナチュラル音声」のアクセント、すなわちCNNキャスターのアクセントです。

③　ニュースのトランスクリプト

トランスクリプト（音声を文字化したもの）にサイトトランスレーション用のスラッシュを入れ、そこで改行してあります。また、MP3音声の「ゆっくり音声（ポーズ入り）」では、スラッシュのところでポーズ（無音の間）が挿入されています。

このトランスクリプトや音声を利用して、サイトトランスレーションや区切り聞き、シャドーイングなどの練習をしましょう。やり方については「3つの効果的な学習法」のページ（pp.4-7）を参照してください。

④　語注

ニュース中の単語やイディオムなどをピックアップし、意味を示しました。前の見開きで「重要ボキャブラリー」に取り上げた語も、ここに再度記載しています。全ニュースの語注が巻末の「ボキャブラリー・チェック」にまとめられているので、復習に利用してください。

⑤　ニュースの日本語訳

スラッシュで区切られた、③のトランスクリプトに対応した日本語訳です。この日本語訳の方を見ながら順番に元の英語に訳していく「反訳」（日→英サイトトランスレーション）を行うと、英語での発信能力が格段に向上します。

⑥　ワンポイント解説

分かりにくい個所の文法的な解説やニュースの関連知識など、ニュースをより正確に理解するのに役立つ情報が記載されています。

後の見開き

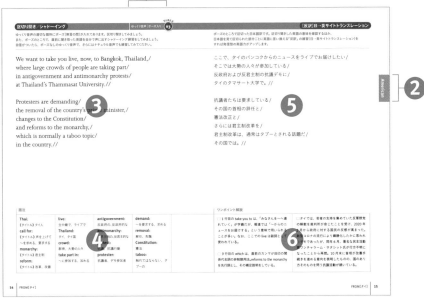

区切り聞き／シャドーイング

ゆっくり音声の適切な箇所にポーズ（無音の間）が入れてあります。区切り聞きしてみましょう。
また、ポーズのところで、直前に聞き取った英語を自分で声に出すシャドーイング練習をしてみましょう。
自信がついたら、ポーズなしのゆっくり音声で、さらにはナチュラル音声で練習してみてください。

ゆっくり音声 [ポーズ入り] 03

[反訳] 日→英サイトトランスレーション

ポーズのところで区切った日本語訳です。区切り聞きした英語の意味を確認するほか、
日本語音声で区切られた部分ごとに英語に言い換える「反訳」の練習 [日→英サイトトランスレーション] を
すれば発信型の英語力がアップします。

We want to take you live, now, to Bangkok, Thailand, /
where large crowds of people are taking part /
in antigovernment and antimonarchy protests /
at Thailand's Thammasat University. //

Protesters are demanding /
the removal of the country's prime minister, /
changes to the Constitution /
and reforms to the monarchy, /
which is normally a taboo topic /
in the country. //

ここで、タイのバンコクからのニュースをライブでお届けしたい /
そこでは大勢の人々が参加している /
反政府および反君主制の抗議デモに /
タイのタマサート大学で。//

抗議者たちは要求している /
その国の首相の辞任と /
憲法改正と /
さらには君主制改革を /
君主制改革は、通常はタブーとされる話題だ /
その国では。//

語注

Thai: 《タイトル》タイ人	**live:** 生中継で、ライブで	**antigovernment:** 反政府の、反政府的な	**demand:** ～を要求する、求める	
call for: 声を上げて～を求める、要求する	**Thailand:** タイ、タイ国	**antimonarchy:** 反君主の、反王制的な	**removal:** 解任、失職	
monarchy: 《タイトル》君主制	**crowd:** 群衆、大勢の人々	**protest:** 抗議	**Constitution:** 憲法	
reform: 《タイトル》改革、改善	**take part in:** ～に参加する、加わる	**protester:** 抗議者、デモ参加者	**taboo:** 触れてはならない、タブーの	

ワンポイント解説

□：1行目の take you to は、「みなさんを～へ連れていく」が字義だが、報道では「～からのニュースをお届けする」という意味で用いられることが多い。なお、ここでの live は副詞として使われている。

□：9行目の which は、直前のカンマが目印の関係代名詞の非制限用法。reforms to the monarchy を先行詞とし、その補足説明をしている。

□：タイでは、若者の支持を集めていた反軍政の解散を裁判所が命じたことを受け、2020 年 2 月から政府に対する国民の反感が高まった。新型コロナの流行により崩壊したかに思われたワンチャラーム・サクシットらが行方不明になったことから再燃。10 月末に首相が退陣を進める意向を表明したものの、国のあり方そのものを問う抗議活動が続いている。

次ページからニュースが始まります➡

アメリカ英語です。まずは、ナチュラル音声を聞いて内容を推測しましょう。
次に、ページをめくって、ゆっくり音声（ポーズ入り）に進みましょう。

Thais Call for Monarchy Reform

We want to take you live, now, to Bangkok, Thailand, where large crowds of people are taking part in antigovernment and antimonarchy protests at Thailand's Thammasat University. Protesters are demanding the removal of the country's prime minister, changes to the Constitution and reforms to the monarchy, which is normally a taboo topic in the country.

Aired on September 19, 2020

リスニングのポイント
解説：南條健助(桃山学院大学国際教養学部准教授)

アメリカ英語では、anti-、multi-、semi-の iの文字が、[アイ]のように発音されることがある。

3行目のantigovernment
[**アン**タイ **ガ**ヴァ(ン)ムン(ト)]
同行のantimonarchy
[**アン**タイ **マ**ーナキー]

語の最初に付けられる anti-、multi-、semi- は、日本語では「アンチ」、「マルチ」、「セミ」と言いますが、それぞれ「反～」、「多～」、「半～」という意味を表す、いわば語の部品です。これらの

最後にあるiの文字は、イギリス英語では[イ]のように発音されますが、アメリカ英語の話し手の中には、[イ]のように発音する人と[アイ]のように発音する人がいます。後者の発音では、それぞれ[アンタイ]、[モウタイ]、[セマイ]のように聞こます(multi-の第1音節の母音(つづり字はu)は、本来は「ア」に近く聞こえる母音ですが、すぐ後ろに続く「ウ」のように聞こえる[l]の音の影響で、しばしば「オ」に近い響きになります)。なお、アメリカ英語において、anti-のiの文字が[イ]のように発音された場合、しばしば[t]の音が消えて、an'i- [**ア**ニ]のように聞こえます。

現タイ国王ラーマ10世の肖像を前に
抗議する人々。

タイの民主化運動、
タブーの王室改革に踏み込む

それでは、タイのバンコクからライブ映像をお届けしましょう。現地のタマサート大学では、大勢の人々が反政府および反君主制を訴える抗議デモに参加しています。デモに参加している人々は、首相の辞任と憲法改正、さらには君主制改革を要求していますが、君主制改革はこの国では通常タブーとされる話題です。

（2021年1月号掲載）（訳　石黒円理）

重要ボキャブラリー

- [ ] **monarchy**　　　　《タイトル》君主制
  [mánərki]
- [ ] **reform**　　　　　《タイトル》改革、改善
  [rifɔ́:rm]
- [ ] **protest**　　　　　抗議、抗議行動
  [próutest]
- [ ] **removal**　　　　　解任、免職
  [rimú:vəl]
- [ ] **Constitution**　　　憲法
  [kɑ̀nstətjú:ʃən]

ニュースのミニ知識

タイの首都バンコクでは、2020年7月から軍事政権プラユット首相の辞任と憲法改正、君主制改革を訴える学生主導の集会が開催され、同年9月には5万人以上が参加する大規模な抗議デモが行われた。中でも、君主制改革すなわち王室改革の主張は、「国王は神聖不可侵」と憲法に明記されているタイでは不敬罪に該当するおそれがあるためタブー視されており、同国内は緊張に包まれた。そして同年11月、政府が2年ぶりに不敬罪の適用を再開したため、対立は根深くなっている。

ゆっくり音声の適切な個所にポーズ（無言の間）が入れてあります。区切り聞きしてみましょう。
また、ポーズのところで、直前に聞き取った英語を自分で声に出すシャドーイング練習をしてみましょう。
自信がついたら、ポーズなしのゆっくり音声で、さらにはナチュラル音声でも練習してみてください。

We want to take you live, now, to Bangkok, Thailand, /
where large crowds of people are taking part /
in antigovernment and antimonarchy protests /
at Thailand's Thammasat University. //

Protesters are demanding /
the removal of the country's prime minister, /
changes to the Constitution /
and reforms to the monarchy, /
which is normally a taboo topic /
in the country. //

語注

Thai:	**live:**	**antigovernment:**	**demand:**
《タイトル》タイ人	生中継で、ライブで	反政府の、反政府的な	〜を要求する、求める
call for:	**Thailand:**	**antimonarchy:**	**removal:**
《タイトル》声を上げて	タイ、タイ国	反君主制の、反君主的な	解任、免職
〜を求める、要求する	**crowd:**	**protest:**	**Constitution:**
monarchy:	群衆、大勢の人々	抗議、抗議行動	憲法
《タイトル》君主制	**take part in:**	**protester:**	**taboo:**
reform:	〜に参加する、加わる	抗議者、デモ参加者	触れてはならない、タブーの
《タイトル》改革、改善			

ポーズのところで区切った日本語訳です。区切り聞きした英語の意味を確認するほか、
日本語を見て区切られた部分ごとに英語に言い換える「反訳」の練習(日→英サイトトランスレーション)を
すれば発信型の英語力がアップします。

ここで、タイのバンコクからのニュースをライブでお届けしたい /

そこでは大勢の人々が参加している /

反政府および反君主制の抗議デモに /

タイのタマサート大学で。//

抗議者たちは要求している /

その国の首相の辞任と /

憲法改正と /

さらには君主制改革を /

君主制改革は、通常はタブーとされる話題だ /

その国では。//

American

ワンポイント解説

□ 1 行目の take you to は、「みなさんを〜へ連れていく」が字義だが、報道では「〜からのニュースをお届けする」という意味で用いられることが多い。なお、ここでの live は副詞として使われている。

□ 9 行目の which は、直前のカンマが目印の関係代名詞の非制限用法。reforms to the monarchy を先行詞とし、その補足説明をしている。

□ タイでは、若者の支持を集めていた反軍野党の解散を裁判所が命じたことを受け、2020 年2 月から政府に対する国民の反感が高まった。新型コロナの流行により鎮静化したかに思われたデモであったが、同年 6 月、著名な民主活動家ワンチャラーム・サタシット氏が行方不明になったことから再燃。10 月末に首相が改憲手続きを進める意向を表明したものの、国のあり方そのものを問う抗議活動が続いている。

アメリカ英語（厳密にはカナダ英語）です。まずは、ナチュラル音声を聞いて内容を推測しましょう。
次に、ページをめくって、ゆっくり音声（ポーズ入り）に進みましょう。

Surprise Discovery of Coral Reef

A coral reef taller than some of the world's biggest skyscrapers has been discovered off northern Australia's east coast. It's 1.5 kilometers wide and 500 meters high. Scientists made this surprise discovery last week while mapping the sea floor around the Great Barrier Reef. It's the first time a new detached reef has been found in more than a century.

Aired on October 28, 2020

リスニングのポイント
解説：南條健助(桃山学院大学国際教養学部准教授)

カナダ英語やアメリカ英語では、「ア」に近く聞こえる母音が、[r]の音の前では、しばしば「エ」のように聞こえる。

5行目のBarrier
[ベリア]

barrierは、日本語では「バリア」と言いますが、カナダ英語やアメリカ英語では、しばしば[ベリア]のように聞こえます。barrierのbar-の部分の母音（つづり字はa）は、本来、catやmapなどに含まれる母音と同じですが、カナダ英語やアメリカ英語では、すぐ後ろに[r]の

音が続く場合、しばしば「エ」のように聞こえます。ほかにも、arrow、barrel、carrot、carry、marathon、narrow、paradise、paradox、parrot、sparrowなどが、それぞれ[エロウ、ベロー、**ケ**ラット、**ケ**リー、**メ**ラサーン、**ネ**ロウ、ペラダイス、ペラダーックス、ペラット、ス**ペ**ロウ]のように聞こえます。人名や地名でも、Harrisonが[**ヘ**ラスン]のように、Harryが[**ヘ**リー]のように、Parisが[**ペ**ラス]のように聞こえます。また、marryは、しばしば[**メ**リー]のように発音され、merryおよびMaryと同じ発音になります。

グレートバリアリーフで
巨大な新サンゴ礁発見

American

世界最高層のビルを超えるほどの高さがあるサンゴ礁が、オーストラリア北部の東海岸沖で発見されました。そのサンゴ礁は幅1.5キロにわたり、高さは500メートルにも及びます。先週、グレートバリアリーフ周辺の海底の地形図を作成していた科学者チームが、この驚くべき発見をしたのです。新たな孤立したサンゴ礁が見つかったのは100年以上ぶりです。

（2021年3月号掲載）（訳　石黒円理）

重要ボキャブラリー

- [ ] **coral reef** 《タイトル》サンゴ礁
  [kɔ́ːrəl ríːf]
- [ ] **skyscraper** 超高層ビル、摩天楼
  [skáiskrèipər]
- [ ] **map** 〜の地図を作る、描く
  [mǽp]
- [ ] **sea floor** 海底、海洋底
  [síː flɔ́ːr]
- [ ] **detached** 分離した、孤立した
  [ditǽtʃt]

ニュースのミニ知識

米国のシュミット海洋研究所が行っているオーストラリア周辺海域の調査プロジェクトの一環として、グレートバリアリーフ北部の海底の地形図を作成しているときに偶然、新たなサンゴ礁が発見された。オーストラリアのジェームズクック大学の教授らによって構成される調査チームが、遠隔操作型無人潜水機（ROV）「スー・バスチアン」で海底を調査している際に見つけたのだ。グレートバリアリーフから孤立したサンゴ礁が発見されたのは、実に120年ぶりだという。

ゆっくり音声の適切な個所にポーズ（無言の間）が入れてあります。区切り聞きしてみましょう。
また、ポーズのところで、直前に聞き取った英語を自分で声に出すシャドーイング練習をしてみましょう。
自信がついたら、ポーズなしのゆっくり音声で、さらにはナチュラル音声でも練習してみてください。

A coral reef/
taller than some of the world's biggest skyscrapers/
has been discovered/
off northern Australia's east coast.//

It's 1.5 kilometers wide and 500 meters high.//
Scientists made this surprise discovery last week/
while mapping the sea floor around the Great Barrier Reef.//

It's the first time/
a new detached reef has been found/
in more than a century.//

語注

surprise:《タイトル》思いがけない、驚きの	**discover:**〜を発見する、見つける	**be...high:**高さ…である	**the Great Barrier Reef:** グレートバリアリーフ
discovery:《タイトル》発見	**off:**〜の沖合で、〜沖で	**make a discovery:**発見する、見つける	**detached:**分離した、孤立した
coral reef:《タイトル》サンゴ礁	**northern:**北の、北部の	**map:**〜の地図を作る、描く	**it's the first time (that):**〜は初めてのことだ
skyscraper:超高層ビル、摩天楼	**be...wide:**幅…である	**sea floor:**海底、海洋底	

ポーズのところで区切った日本語訳です。区切り聞きした英語の意味を確認するほか、
日本語を見て区切られた部分ごとに英語に言い換える「反訳」の練習(日→英サイトトランスレーション)を
すれば発信型の英語力がアップします。

サンゴ礁が /

それも世界最高層のビルのいくつかよりも高いものが /

発見された /

オーストラア北部の東海岸沖で。//

それは幅1.5キロにわたり、高さは500メートルある。//

科学者たちが先週、この驚くべき発見をした /

グレートバリアリーフ周辺の海底の地形図を作成しているときに。//

初めてのことだ /

新たな孤立したサンゴ礁が見つかったのは /

1世紀を超える間に。//

ワンポイント解説

□ 2行目は、1行目の A coral reef を後ろから修飾している形容詞句。ここでは biggest は tallest という意味で使われている。

□ 5行目の 1.5 をここでは one and a half と読んでいるが、one point five と読んでもよい。

□ 7行目は、while (they [= the scientists] were) mapping と語句を補って考えるとよい。

□ グレートバリアリーフは全長 2300 キロメートルにわたって広がる世界最大のサンゴ礁地帯で、日本列島とほぼ同じ面積を誇る世界自然遺産である。オーストラリア北東岸に位置するこのサンゴ礁地帯は、この地域の多様な生物のすみかとなっており、魚だけでも 1600 種類以上の生息が確認されている。近年は海水温上昇による白化現象が頻発し、甚大な損傷を被っており、気候変動対策が急務とされている。

アメリカ英語です。まずは、ナチュラル音声を聞いて内容を推測しましょう。
次に、ページをめくって、ゆっくり音声（ポーズ入り）に進みましょう。

A Hotel at the Zoo

There's probably not a long list of animals you'd want to have watching you sleep, but at a venue in Belgium, that's kind of the point. It's a zoo. It's a hotel. It's a place where you can watch TV and a live walrus in your own living room. Starting at $150 a night, this hotel also features rooms with views of wolves, tigers and bears.

Aired on July 30, 2020

TOEIC-style Questions
内容を正しく把握できたか、TOEIC® L&Rテスト Part 4 形式の問題で確かめましょう。[正解は次ページ]

1. Who would probably be interested in this place?

(A) Someone who likes to watch TV

(B) Someone who likes camping

(C) Someone who likes to sleep a lot

(D) Someone who likes viewing animals up close

2. Which animals were NOT mentioned as a choice?

(A) Wolves

(B) Walruses

(C) Alligators

(D) Tigers

なんと、生きたクマなどを
部屋の中から眺められるホテルです。

ベルギーのホテル、ガラスの向こうは動物園！

できれば自分が寝ているところを見ていてほしいと思うような動物はきっとたくさんはいないでしょうが、ベルギーのとある所では、それがちょっとした「売り」なのです。そこは動物園です。そこはホテルでもあります。そこは、自分のリビングルームにいながらにして、テレビと生きたセイウチが見られる場所です。1泊150ドルからで、このホテルにはオオカミやトラやクマの眺めを楽しめる部屋もあります。

（2020年11月号掲載）（訳　編集部）

重要ボキャブラリー		TOEIC-style Questionsの答え	
□ **zoo** [zúː]	《タイトル》動物園	**1.** （D）	
□ **venue** [vénjuː]	会場、場所	**2.** （C）	
□ **Belgium** [béldʒəm]	ベルギー	設問の語注	
□ **walrus** [wɔ́lrəs｜wɔ́ːl-]	セイウチ	**up close**	すぐ近くで、間近で
□ **feature** [fíːtʃər]	〜を呼び物にする、売りにする	**mention A as B**	BとしてAを挙げる、Aに言及する
		alligator	アメリカワニ

ゆっくり音声の適切な個所にポーズ（無言の間）が入れてあります。区切り聞きしてみましょう。
また、ポーズのところで、直前に聞き取った英語を自分で声に出すシャドーイング練習をしてみましょう。
自信がついたら、ポーズなしのゆっくり音声で、さらにはナチュラル音声でも練習してみてください。

There's probably not a long list/
of animals you'd want to have watching you sleep,/
but at a venue in Belgium,/
that's kind of the point.//

It's a zoo.//
It's a hotel.//
It's a place where you can watch TV and a live walrus/
in your own living room.//

Starting at $150 a night,/
this hotel also features rooms with views of wolves, tigers and
bears.//

語注

zoo: 《タイトル》動物園	**venue:** 会場、場所	**live:** 生きた、生きている	**feature:** 〜を呼び物にする、売りにする
there is a long list of: 〜の長いリストがある、〜がたくさんある	**Belgium:** ベルギー	**walrus:** セイウチ	**a view of:** 〜の景色、眺め
want...to do: …に〜してほしいと思う、望む	**kind of:** 多少、ちょっと	**one's own:** 自分自身の、自分専用の	**wolf:** オオカミ　▶複数形は wolves
	the point: 重要な点、肝心なところ	**start at:** 〜から始まる、〜からある	

ポーズのところで区切った日本語訳です。区切り聞きした英語の意味を確認するほか、
日本語を見て区切られた部分ごとに英語に言い換える「反訳」の練習(日→英サイトトランスレーション)を
すれば発信型の英語力がアップします。

きっとたくさんはいないだろう/
できれば自分が寝ているところを見ていてほしいと思うような動物は/
だが、ベルギーのとある所では/
それがちょっと重要な点なのである。//

そこは動物園だ。//
そこはホテルでもある。//
そこはテレビと生きたセイウチが見られる場所だ/
自分のリビングルームにいながらにして。//

1泊150ドルからで/
このホテルにはオオカミやトラやクマの眺めが付いていることを売りにした
部屋もある。//

ワンポイント解説

□ 2行目の animals you'd want to have watching you sleep は animals (that/which) you would want... ということ。この would は仮定法で、「もしそういうことができるとすれば」のニュアンス。have は have...doing の形で「…が～している状況を経験する」の意。ここでは、「…」は animals である。また、watching you sleep のような watch...do という形は「…が～するのを見る」の意。

□ 2020年7月末、ベルギー西部のエノー州ブリュージュレットにあるペリタイザ動物公園内に、セイウチの水槽が客室に併設されたホテルがオープンした。このホテルには50ほどの客室があり、セイウチのほかにもヒグマ、ホッキョクグマ、ペンギン、アシカ、シベリアトラなどいろいろな動物が室内から眺められるという。

アメリカ英語です。まずは、ナチュラル音声を聞いて内容を推測しましょう。
次に、ページをめくって、ゆっくり音声 (ポーズ入り) に進みましょう。

Landmine-Detection Rat Wins Medal

Well, we do have some gold-medal news for you. This African giant pouched rat, named Magawa, received the award from a British veterinary charity. This little rodent can sniff out explosives, discovering more than 60 landmines and other weapons in Cambodia over seven years. Millions of the bombs, of course, from past conflicts litter this country, killing or maiming dozens of people every year.

Aired on September 26, 2020

TOEIC-style Questions

内容を正しく把握できたか、TOEIC® L&Rテスト Part 4 形式の問題で確かめましょう。［正解は次ページ］

1. Where did Magawa provide an important service?

(A) In Cambodia

(B) In Great Britain

(C) In Africa

(D) In various countries

2. How many weapons has Magawa found?

(A) Seven

(B) About a dozen

(C) 16

(D) Over 60

名誉の金メダルをぶら下げた
アフリカオニネズミの「マガワ」。

地雷探知への貢献で、ネズミが金メダル獲得!?

さて、それでも金メダルのニュースはあります。こちらのアフリカオニネズミは、名をマガワといい、英国のある獣医学の慈善団体から賞を与えられました。この小さな齧歯動物は爆発物を嗅ぎつけることができ、カンボジアで7年間に60個以上の地雷などの兵器を見つけました。数百万個の爆弾が、それらは言うまでもなく過去の紛争の名残なのですが、この国に点在しており、毎年、何十人もの人の命を奪ったり重傷を負わせたりしています。

(2021年1月号掲載)(訳 編集部)

重要ボキャブラリー		TOEIC-style Questionsの答え	
□ **landmine-detection** [lǽndmàin]	《タイトル》地雷探知の	**1.** (A)	
□ **veterinary** [vétərənèri]	獣医の、獣医学の	**2.** (D)	
□ **rodent** [róudənt]	齧歯（げっし）動物	設問の語注	
□ **explosive** [iksplóusiv | eks-]	爆発物、爆薬	**provide**	～を提供する、与える
□ **maim** [méim]	～に障害が残るほどの重傷を負わせる	**Great Britain**	グレートブリテン（イングランド、スコットランド、ウェールズから成る島）

ゆっくり音声の適切な個所にポーズ（無言の間）が入れてあります。区切り聞きしてみましょう。
また、ポーズのところで、直前に聞き取った英語を自分で声に出すシャドーイング練習をしてみましょう。
自信がついたら、ポーズなしのゆっくり音声で、さらにはナチュラル音声でも練習してみてください。

Well, we do have some gold-medal news for you.//
This African giant pouched rat,/
named Magawa,/
received the award/
from a British veterinary charity.//

This little rodent can sniff out explosives,/
discovering more than 60 landmines and other weapons/
in Cambodia over seven years.//

Millions of the bombs,/
of course,/
from past conflicts/
litter this country,/
killing or maiming dozens of people every year.//

語注

landmine-detection:《タイトル》地雷探知の	veterinary: 獣医の、獣医学の	explosive: 爆発物、爆薬	litter: ～に散らばる、点在する
African giant pouched rat: アフリカオニネズミ	charity: 慈善、慈善団体	weapon: 兵器、武器	maim: ～に障害が残るほどの重傷を負わせる
(be) named: ～と名付けられる、～という名前である	rodent: 齧歯（げっし）動物	bomb: 爆弾	dozens of: 数十の、多数の
	sniff out: ～を嗅ぎ分ける、嗅ぎつける	conflict: 紛争、戦争	

ポーズのところで区切った日本語訳です。区切り聞きした英語の意味を確認するほか、
日本語を見て区切られた部分ごとに英語に言い換える「反訳」の練習(日→英サイトトランスレーション)を
すれば発信型の英語力がアップします。

さて、それでも金メダルのニュースはある。//

こちらのアフリカオニネズミは/

名をマガワといい/

表彰を受けた/

英国のある獣医学の慈善団体から。//

この小さな齧歯動物は爆発物を嗅ぎつけることができる/

そして60個以上の地雷などの兵器を見つけた/

カンボジアで7年間に。//

数百万個の爆弾が/

言うまでもなく/

過去の紛争の名残だが/

この国に点在している/

そして毎年、何十人もの人の命を奪ったり重傷を負わせたりしている。//

ワンポイント解説

□ 1 行 目 で we do have some gold-medal news... と強調の形で言っているのは、この直前に「2021年東京オリンピックの開催の見通しが厳しい」というニュースが放送されたのを受けてのこと。

□ 9〜13行目の文は、Millions of the bombs from past conflicts が主語で、litter が動詞。of course は挿入句で、文全体にかかっている。

□英国の動物愛護団体PDSAが、2020年9月に、マガワと名付けられたアフリカオニネズミに金メダルを授与した。カンボジアでの地雷撤去作業への貢献をたたえたもの。マガワは、爆発物に含まれる化学物質の匂いで地雷を見つけ、地面をひっかいて知らせるよう訓練されている。大型とはいえネズミであるマガワは、地雷の上を歩いても爆発させない体重であり、20分でテニスコート1面分の捜索を終えられるという。

アメリカ英語（厳密にはカナダ英語）です。まずは、ナチュラル音声を聞いて内容を推測しましょう。
次に、ページをめくって、ゆっくり音声（ポーズ入り）に進みましょう。

Billionaires **Get Even Richer**

According to a report by the Institute for Policy Studies, US billionaires—or the 643 wealthiest Americans—[have] added a whopping $845 billion to their fortune since March. That increased their combined wealth by 29 percent during the pandemic and saw their net worth rise by almost $1 trillion—incredible. The top earners include Tesla CEO Elon Musk, Amazon CEO Jeff Bezos and former New York mayor Michael Bloomberg.

Aired on October 1, 2020

TOEIC-style Questions
内容を正しく把握できたか、TOEIC® L&RテストPart 4形式の問題で確かめましょう。［正解は次ページ］

1. **How many Americans were regarded as billionaires in the report?**

   (A) Only three

   (B) Around 40

   (C) Just over 100

   (D) More than 600

2. **By how much had the billionaires' total wealth increased since March?**

   (A) Nearly 30 percent

   (B) About $643 million

   (C) More than 40 percent

   (D) Over $1 trillion

LLIONAIRES WIN BIG
S SKYROCKET IN PANDEMIC
643 Americans add
fortune since March

世界の富豪たちの資産は、
コロナ禍においても増加し続けています。

コロナ禍で、
億万長者の資産がさらに急増

政策研究所の報告によると、米国の大富豪——つまり最も裕福な米国人643名——の資産の増加は、(2020年の) 3月以降、8450億ドルという途方もない額に達しました。それに伴い、このパンデミック下で彼らの資産総額は29%も増加し、純資産はほぼ1兆ドルの増加が見られました——信じがたい話です。最上位の所得者には、テスラ社CEO (最高経営責任者) のイーロン・マスク氏、アマゾン社CEOのジェフ・ベゾス氏、元ニューヨーク市長マイケル・ブルームバーグ氏らが名を連ねています。

(2021年2月号掲載) (訳　石黒円理)

重要ボキャブラリー		TOEIC-style Questionsの答え
□ **billionaire** [bíljənéər]	《タイトル》(10億ドル以上の) 億万長者、大富豪	**1.** (D)
□ **whopping** [wɑ́piŋ]	とてつもなく大きい、途方もない	**2.** (A)
□ **fortune** [fɔ́ːrtʃən]	富、財産	設問の語注
□ **trillion** [tríljən]	1兆	**be regarded as** 〜と見なされる、考えられる
□ **earner** [ə́ːnər]	稼ぐ人、稼ぎ手	**around** 約〜、〜くらい
		nearly ほぼ〜、〜近く

ゆっくり音声の適切な個所にポーズ（無言の間）が入れてあります。区切り聞きしてみましょう。
また、ポーズのところで、直前に聞き取った英語を自分で声に出すシャドーイング練習をしてみましょう。
自信がついたら、ポーズなしのゆっくり音声で、さらにはナチュラル音声でも練習してみてください。

According to a report by the Institute for Policy Studies, /
US billionaires—/
or the 643 wealthiest Americans—/
[have] added a whopping $845 billion to their fortune since March. //

That increased their combined wealth by 29 percent during the pandemic/
and saw their net worth rise by almost $1 trillion—/
incredible. //

The top earners include/
Tesla CEO Elon Musk, Amazon CEO Jeff Bezos/
and former New York mayor Michael Bloomberg. //

語注

billionaire: 《タイトル》(10億ドル以上の)億万長者、大富豪	**whopping:** とてつもなく大きい、途方もない	**pandemic:** (感染症の)世界的大流行、パンデミック	**incredible:** 信じられない、途方もない
the Institute for Policy Studies: 政策研究所	**fortune:** 富、財産	**net worth:** 純資産 ▶資産総額から負債総額を差し引いた金額を指す。	**earner:** 稼ぐ人、稼ぎ手
wealthy: 裕福な、お金持ちの	**combined:** 合わせた、合計した		**former:** 以前の、先の
	wealth: 富、財産	**trillion:** 1兆	**mayor:** 市長

ポーズのところで区切った日本語訳です。区切り聞きした英語の意味を確認するほか、
日本語を見て区切られた部分ごとに英語に言い換える「反訳」の練習(日→英サイトトランスレーション)を
すれば発信型の英語力がアップします。

政策研究所の報告によると /

米国の大富豪は—— /

つまり最も裕福な643人の米国人は—— /

(2020年の) 3月以降、8450億ドルという途方もない額を自分たちの資産に加えた。//

それによって、このパンデミックの間に、彼らの資産の総額は29%も増加した /

そして彼らの純資産はほぼ1兆ドルの増加が見られた—— /

信じられない。//

最高位の稼ぎ手たちに含まれるのは /

テスラ社CEOのイーロン・マスク氏、アマゾン社CEOのジェフ・ベゾス氏 /

そして元ニューヨーク市長のマイケル・ブルームバーグ氏だ。//

ワンポイント解説

□ 1行目の the Institute for Policy Studies は、米国の外交政策や人権問題、国際経済などに関する研究を行っているシンクタンク。

□ 4行目でCNNのアンカーは過去形の added を使っているが、文の最後に「～以来」の意味の since があるため、have を加えて現在完了 have added にするのが文法的に正しい。「ゆっくり音声」は正しく収録されている。

□ 2020年の新型コロナウイルス感染拡大により世界経済が急激に悪化する中、米国をはじめとする世界中の大富豪の個人資産の増加はとどまることを知らない。最富裕層の資産額が膨らむ一方、経済悪化によって減給や失業の憂き目にあう人や、新型コロナの感染リスクを背負いながらも働かざるを得ない人々は確実に増加しており、経済・社会格差のさらなる広がりが深刻な問題となっている。

NEWS **06** | ナチュラル音声［1回目］ **17** | ゆっくり音声［ポーズなし］ **19** | ナチュラル音声［2回目］ **68**

アメリカ英語です。まずは、ナチュラル音声を聞いて内容を推測しましょう。
次に、ページをめくって、ゆっくり音声（ポーズ入り）に進みましょう。

Beetle Gives Hints on Toughness

Probably seems like something called a diabolical ironclad beetle would be pretty tough. Well, it is—so tough you can run over it with a car and the beetle is still ticking. Scientists wanted to find out why, and in a new study published in the journal *Nature*, they credit two interlocking "lids" over the beetle's back for protecting it. Researchers are hopeful that studying this beetle will allow them to invent new and stronger materials for better engineering in the things we build.

Aired on October 23, 2020

TOEIC-style Questions

内容を正しく把握できたか、TOEIC® L&Rテスト Part 4 形式の問題で確かめましょう。[正解は次ページ]

1. What is remarkable about this beetle?

(A) Its back has iron lids.

(B) It makes a ticking sound.

(C) It can survive being run over.

(D) It builds things.

2. Why are researchers studying this beetle?

(A) To learn how to eradicate it

(B) To learn how to make stronger building materials

(C) To get hints on how to design better lids

(D) To get hints on how to make tougher cars

甲虫（こうちゅう）の一種のコブゴミムシダマシは極めて頑強な外骨格を持っています。

車にひかれても平気！
頑丈すぎる甲虫の謎に挑む

恐らく、悪魔的装甲の甲虫（コブゴミムシダマシ）と呼ばれるものは相当頑丈そうに思えるでしょう。まあ、そのとおりです——その頑丈さたるや車でひいても大丈夫なほどで、そうしてもその甲虫（こうちゅう）はまだ普通に動いているのです。科学者らはその理由を解明したがっていましたが、ネイチャー誌に発表された新たな研究論文で、彼らは、その甲虫の背にある2枚のかみ合った「ふた」がそれを保護しているとの見解を示しています。研究者らが期待しているのは、この甲虫を研究することによって、より強固な新素材の発明が可能になり、それがわれわれの物作りにおける工学技術の改良につながることです。

(2021年2月号掲載)（訳　編集部）

重要ボキャブラリー

- **toughness** [tʌ́fnis] 《タイトル》強じん性、硬さ
- **tick** [tík] （カチカチいう時計のように）きちんと作動する、正常に動く
- **interlocking** [ìntərlákiŋ | -lɔ́kiŋ] かみ合っている、連結している
- **lid** [líd] ふた、ふた状のもの
- **material** [mətíəriəl] 素材、材料

TOEIC-style Questions の答え

1. （C）
2. （B）

設問の語注

remarkable 注目すべき、驚くべき

survive ～を切り抜けて生き残る

eradicate ～を根絶する、絶滅させる

ゆっくり音声の適切な個所にポーズ（無言の間）が入れてあります。区切り聞きしてみましょう。
また、ポーズのところで、直前に聞き取った英語を自分で声に出すシャドーイング練習をしてみましょう。
自信がついたら、ポーズなしのゆっくり音声で、さらにはナチュラル音声でも練習してみてください。

Probably seems like something called a diabolical ironclad beetle would be pretty tough.//
Well, it is—/
so tough you can run over it with a car and the beetle is still ticking.//

Scientists wanted to find out why,/
and in a new study published in the journal *Nature*,/
they credit two interlocking "lids" over the beetle's back for protecting it.//

Researchers are hopeful/
that studying this beetle will allow them to invent new and stronger materials/
for better engineering in the things we build.//

語注

toughness:《タイトル》強じん性、硬さ	**pretty:** かなり、相当	**credit...for doing:** ～できるのは…のおかげだと見なす	**allow...to do:** …が～できるようにする
diabolical ironclad beetle: コブゴミムシダマシ ▶英名の意味は「悪魔のような装甲の甲虫（こうちゅう）」。	**run over:**（車などで）～をひく **tick:**（カチカチいう時計のように）きちんと作動する、正常に動く	**interlocking:** かみ合っている、連結している **lid:** ふた、ふた状のもの	**be hopeful that:** ～ということを期待している **material:** 素材、材料

料金受取人払郵便

神田局承認

6577

差出有効期間
2023年2月
24日まで
（切手不要）

お名前（ふりがな）			年齢	性別
			歳	男女
ご住所　〒		TEL.		
Eメールアドレス				
御職業または在校名	英語の資格 ・英検　（　　　）級 ・TOEIC　（　　　）点 ・TOEFL　（　　　）点	お買上書店名		

ご購読ありがとうございました。ご意見、ご感想をお聞かせください。
電子メール (info@asahipress.com) でも受け付けています。

1　この本を何でお知りになりましたか？

☐書店で見かけて　　　　　　　　☐人にすすめられて
☐広告・書評を見て（新聞・雑誌名　　　　　　　　　　　　　）
☐ネットで見て（URL　　　　　　　　　　　　　　　　　　）
☐その他（　　　　　　　　　　　　　　　　　　　　　　　）

2　お買い求めの動機をお聞かせください。

☐CNNニュースだから　　　　　　☐3段階の音声が聞けるから
☐米・英・豪の音声が聞けるから　☐区切った英文が掲載されているから
☐電子書籍版付きだから　　　　　☐表紙が気に入ったから
☐その他（　　　　　　　　　　　　　　　　　　　　　　　）

3　この本全体についてのご意見・ご感想をお聞かせください。

4　ご意見・ご感想を広告・HPなどで掲載してもよいですか？

☐はい（a 記名可　b 匿名希望）　　☐いいえ

小社刊行物のご注文を承ります(代引でお届けします)。

品　　名	定価(税込)	冊数
音声&電子書籍版付き　CNNニュース・リスニング2020 [秋冬]	1,100円	
初級者からのニュース・リスニング　CNN Student News 2021 [春]	1,320円	
音声&電子書籍版付き　キムタツ式「名スピーチ」リスニング	1,540円	
音声&電子書籍版付き　最強のリスニング学習法	1,320円	
生声CD&電子書籍版付き　スティーブ・ジョブズ 伝説のスピーチ&プレゼン	1,100円	
月刊『CNN English Express』の案内送付希望	無　料	

代引手数料は、何冊ご注文されても380円です。定価は本体＋税10%の価格です。

ポーズのところで区切った日本語訳です。区切り聞きした英語の意味を確認するほか、
日本語を見て区切られた部分ごとに英語に言い換える「反訳」の練習(日→英サイトトランスレーション)を
すれば発信型の英語力がアップします。

恐らく、悪魔的装甲の甲虫（コブゴミムシダマシ）と呼ばれるものは、相当頑丈そうだと思われるだろう。//

まあ、そのとおりだ── /

その頑丈さたるや車でひいても大丈夫なほどで、そうしてもその甲虫（こうちゅう）はまだ普通に動いているのだ。//

科学者らはその理由を解明したがっていた /

そしてネイチャー誌に発表された新たな研究論文で /

彼らは、その甲虫の背にある2枚のかみ合った「ふた」がそれを保護しているとの見解を示している。//

研究者らは期待している /

この甲虫を研究することによって、新しいより強固な素材の発明が可能になることを /

われわれの物作りにおけるよりよい工学技術のために。//

American

ワンポイント解説

□タイトルをはじめ、このニュース中にたびたび出てくる beetle は、カブトムシの意ではなく、カブトムシやクワガタムシ、ホタル、テントウムシなど多様な昆虫が属する甲虫（こうちゅう）目の生物の総称。

□1〜2行目の文は、冒頭に It を補うと完全な文になる。It seems like... の It は会話ではよく省略される。

□ 2020 年 10 月、東京農工大学と米国カリフォルニア大学アーバイン校、パデュー大学などの国際共同研究チームが、極めて頑丈な外骨格を持つ甲虫（こうちゅう）の一種（学名 *Phloeodes diabolicus*）を研究した結果、その頑丈さをもたらす仕組みを解明したと発表した。その仕組みを応用すると、自動車や航空機などの製造に用いる高強度・軽量材料の開発が望めるという。

アメリカ英語です。まずは、ナチュラル音声を聞いて内容を推測しましょう。
次に、ページをめくって、ゆっくり音声（ポーズ入り）に進みましょう。

Squid-Like Robot for Marine Research

One word: squidbot. This is a project at the University of California San Diego. It's a soft robot that can push itself through the water. It can also carry a camera to keep tabs on what's happening under the waves. Soft robots can be less damaging to marine life than other robots. And while squidbot is faster than other soft robots, its speed tops out at about half a mile per hour. Real squids can squirt along at 24 miles per hour.

Aired on October 16, 2020

TOEIC-style Questions
内容を正しく把握できたか、TOEIC® L&Rテスト Part 4 形式の問題で確かめましょう。［正解は次ページ］

1. Which of the following is true of the squidbot?	**2. What is the fastest speed at which the squidbot can move?**
(A) It is soft.	(A) Just half a mile per hour
(B) It preys on marine life.	(B) About 1 mile per hour
(C) It is a type of marine life.	(C) Around 4 miles per hour
(D) It is faster than other squids.	(D) More than 20 miles per hour

イカのジェット推進機構を再現した
ロボットが開発されています。

イカはなぜ速く泳げるのか？
ロボットで再現

ずばり、イカロボットです。これはカリフォルニア大学サンディエゴ校のプロジェクトです。それはソフトロボットで、自ら水中を推進することができます。カメラの搭載も可能で、海中の様子を把握できます。ソフトロボットは、他のロボットに比べ、海洋生物に損害を与える可能性が低いのです。そして、イカロボットは他のソフトロボットより速いとはいっても、その最高速度は時速0.5マイル（約0.8キロ）ほどです。本物のイカは水を吐き出しながら時速24マイル（約38キロ）で推進できます。

（2021年2月号掲載）（訳　編集部）

重要ボキャブラリー			TOEIC-style Questions の答え	
squid [skwíd]	《タイトル》イカ		**1.**（A）	
keep tabs on [tæbz]	〜を監視する、把握する		**2.**（A）	
be damaging to [dæmidʒiŋ]	〜に害をなす、損害を与える		設問の語注	
marine life [mərí:n]	海洋生物		the following	次のもの、以下のもの
squirt along [skwə́:rt]	液体を噴出させながら進む		prey on	〜を捕食する、餌食にする
			around	約〜、〜くらい

ゆっくり音声の適切な個所にポーズ（無言の間）が入れてあります。区切り聞きしてみましょう。
また、ポーズのところで、直前に聞き取った英語を自分で声に出すシャドーイング練習をしてみましょう。
自信がついたら、ポーズなしのゆっくり音声で、さらにはナチュラル音声でも練習してみてください。

One word: squidbot.//
This is a project at the University of California San Diego.//
It's a soft robot/
that can push itself through the water.//

It can also carry a camera/
to keep tabs on what's happening under the waves.//
Soft robots can be less damaging to marine life/
than other robots.//

And while squidbot is faster than other soft robots,/
its speed tops out at about half a mile per hour.//
Real squids can squirt along at 24 miles per hour.//

語注

squid: 《タイトル》イカ	**the University of California San Diego:** カリフォルニア大学サンディエゴ校　▶略称 UCSD。	**keep tabs on:** 〜を監視する、把握する	**top out at:** 最高で〜となる
marine research: 《タイトル》海洋研究、海洋調査		**mile per hour:** 時速〜マイル　▶1マイルは約1.6キロメートル。
squidbot: イカロボット　▶squid とrobot(ロボット)を合わせた造語。	**push A through B:** Bの中でAを進める	**be damaging to:** 〜に害をなす、損害を与える	
		marine life: 海洋生物	**squirt along:** 液体を噴出させながら進む

ポーズのところで区切った日本語訳です。区切り聞きした英語の意味を確認するほか、
日本語を見て区切られた部分ごとに英語に言い換える「反訳」の練習(日→英サイトトランスレーション)を
すれば発信型の英語力がアップします。

ひと言で言えば、イカロボットだ。//

これはカリフォルニア大学サンディエゴ校のプロジェクトである。//

それはソフトロボットだ/

そして自ら水中を推進することができる。//

それはカメラの搭載も可能だ/

波の下で起こっていることを把握するために。//

ソフトロボットは海洋生物に損害を与える可能性が低い/

他のロボットに比べて。//

イカロボットは他のソフトロボットより速いが/

その最高速度は約時速0.5マイル(約0.8キロ)だ。//

本物のイカは水を吐き出しながら時速24マイル(約38キロ)で推進できる。//

ワンポイント解説

□ 3行目の soft robot は、主に金属素材から成る従来の「硬いロボット」と区別して、柔らかく、柔軟性に富むロボットを指す。使用時に他の動植物を傷つけない、硬いロボットよりも安価などといった利点がある。

□ 11行目の along は「先へ、前方へ」の意の副詞。walk along、drive along など、動きを表す動詞とペアになり、動詞句を形成する。

□ イカは、独自のジェット推進機構により、無脊椎動物で最速の水泳能力を持つ。体内に大量の水を取り込み、それを吐き出して推進力とするのだ。カリフォルニア大学サンディエゴ校では、そのメカニズムを研究し、同様の動きを再現したロボットを開発した。

NEWS **08** | ナチュラル音声［1回目］ **Track 23** | ゆっくり音声［ポーズなし］ **Track 25** | ナチュラル音声［2回目］ **Track 70**

アメリカ英語です。まずは、ナチュラル音声を聞いて内容を推測しましょう。
次に、ページをめくって、ゆっくり音声（ポーズ入り）に進みましょう。

$10,000 Pay-It-Forward Chain

You might've heard of the drive-through pay-it-forward phenomenon, when someone at a restaurant pays for his or her own order and then covers the cost of the next car too. Well, that recently happened at a Dairy Queen in central Minnesota. Last Thursday, it went on all day, and on Friday, it kept going. It continued for most of Saturday until the chain was finally broken. The total number of cars that did this was more than 900. The total value in sales was more than $10,000.

Aired on December 10, 2020

TOEIC-style Questions
内容を正しく把握できたか、TOEIC® L&Rテスト Part 4 形式の問題で確かめましょう。[正解は次ページ]

1. What happened at this drive-through service for those three days?

(A) It had a nonstop flow of cars.

(B) It gave free food to more than 900 customers.

(C) Many cars got chained up.

(D) Many customers paid for other customers' orders.

2. What was the value of sales at the drive-through service during that period?

(A) More than $900

(B) About $9,000

(C) Over $10,000

(D) The information is not provided.

驚くべき規模で、
「恩送り」の連鎖が起こったファストフード店。

ドライブスルーで
900台が「恩送り」の連鎖！

みなさんもドライブスルーのペイフォワード現象のことを聞いたことがある

かもしれません。つまり、だれかがある飲食店で自分の注文した分を支払い、

さらに後続車の分も代わりに支払うことです。さて、それが最近、ミネソタ

州の中心部にあるデイリー・クイーンで起こりました。先週木曜日、ペイフォ

ワードは一日中続き、金曜日もまた続いたのです。土曜日もほぼ一日続いて

から、その連鎖はついに途切れました。このペイフォワードを行った車は全

部で900台を超えました。それによる売上総額は1万ドルを上回りました。

(2021年4月号掲載)(訳　石黒円理)

重要ボキャブラリー

- ☐ **pay-it-forward** 《タイトル》ペイフォワ
  [pèi it fɔ́:rwərd] ードの、恩送りの
- ☐ **drive-through** ドライブスルーの
  [dráiv θrù:]
- ☐ **phenomenon** 出来事、現象
  [fənámənàn]
- ☐ **continue** 続く、継続する
  [kəntínju:]
- ☐ **total value** 総額、合計額
  [tóutl vǽlju:]

TOEIC-style Questions の答え

1. (D)

2. (C)

設問の語注

nonstop	休みなしの、ひっきりなしの
flow	流れ
chain up	〜を鎖でつなぐ
period	期間、時期

ゆっくり音声の適切な個所にポーズ（無言の間）が入れてあります。区切り聞きしてみましょう。
また、ポーズのところで、直前に聞き取った英語を自分で声に出すシャドーイング練習をしてみましょう。
自信がついたら、ポーズなしのゆっくり音声で、さらにはナチュラル音声でも練習してみてください。

You might've heard of the drive-through pay-it-forward phenomenon, /

when someone at a restaurant pays for his or her own order/
and then covers the cost of the next car too.//

Well, that recently happened at a Dairy Queen in central Minnesota.//
Last Thursday, it went on all day, /
and on Friday, it kept going.//
It continued for most of Saturday/
until the chain was finally broken.//

The total number of cars that did this was more than 900.//
The total value in sales was more than $10,000.//

語注

pay-it-forward: 《タイトル》ペイフォワードの、恩送りの	**hear of:** 〜のことを耳にする	**Dairy Queen:** デイリー・クイーン ▶アメリカのハンバーガーチェーン。	**continue :** 続く、継続する
chain: 《タイトル》連鎖、つながり	**drive-through:** ドライブスルーの	**go on:** 続く、継続する	**break:** 〜を中断する、遮断する
might've: = might have	**phenomenon:** 出来事、現象	**keep going:** し続ける、やり続ける	**total value:** 総額、合計額
	cover the cost of: 〜の費用をまかなう、支払う		**in sales:** 売上の、販売の

あなたの
グローバル英語力を測定

新時代のオンラインテスト
2021年7月スタート！

GLENTS

CNN英語検定（旧名）から、新時代の
オンラインテストCNN GLENTSが誕生！
CNNの生きた英語を使った新しい英語
力測定テストがいよいよ始まります！
詳しくはCNN GLENTSホームページを
ご覧ください。

https://www.asahipress.
com/

CNN GLENTS とは

GLENTSとは、Global English Testing Systemという名の通り、世界標準の英語力を測るシステムです。リアルな英語を聞き取るリスニングセクション、海外の話題を読み取るリーディングセクション、異文化を理解するのに必要な知識を問う国際教養セクションから構成される、世界に通じる「ホンモノ」の英語力を測定するためのテストです。

CNN GLENTSの特長

■作られた英語ではなく生の英語ニュースが素材

リスニング問題、リーディング問題、いずれも世界最大のニュース専門放送局CNNの英語ニュースから出題。実際のニュースー大映像を使った「動画視聴問題」も導入しています。

■場所を選ばず受験できるオンライン方式

コンピューターやスマートフォン、タブレットなどの端末とインターネット接続があれば、好きな場所で受けられます。

■自動採点で結果をすぐに表示　国際指標CEFRにも対応

テスト終了後、自動採点ですぐに結果がわかります。国際的な評価基準であるCEFRとの対照レベルやTOEIC® Listening & Reading Testの予測スコアも表示されます。

■コミュニケーションに必要な社会・文化知識にも配慮

独自のセクションとして設けた「国際教養セクション」では、

世界で活躍する人材に求められる異文化理解力を測ります。

■試験時間は約70分、受験料は¥3,960円（税込）定価格）です。

お問い合わせ先

株式会社 朝日出版社　「CNN GLENTS」事務局

フリーダイヤル：**0120-181-202**
（平日午前10時～午後6時）

E-MAIL: **glents_support@asahipress.com**

ポーズのところで区切った日本語訳です。区切り聞きした英語の意味を確認するほか、
日本語を見て区切られた部分ごとに英語に言い換える「反訳」の練習(日→英サイトトランスレーション)を
すれば発信型の英語力がアップします。

あなたはドライブスルーのペイフォワード現象のことを聞いたことがあるか
もしれない/

つまり、だれかがある飲食店で自分の注文した分を支払い/

それから次の車の分も代わりに支払うのだ。//

さて、それが最近、ミネソタ州の中心部にあるデイリー・クイーンで起こっ
たのだ。//

先週木曜日、それは一日中続いた/

そして金曜日もそれが続いた。//

それは土曜日もほぼ一日続いた/

その連鎖がついに途切れるまで。//

それを行った車の総数は900台を超えた。//

その売上総額は1万ドルを上回った。//

American

ワンポイント解説

□ 1行目の pay-it-foward は pay it forward の形容詞形。pay it back([すでに受けた]親切を返す、恩返しする)という表現から派生して、「先へ払う」、つまり特に恩義がない人に親切をつなぐこと。

□ 3行目の when は何かを定義したり説明したりするときに使う口語的用法。書き言葉では whereby や in which になる。

□ ある男性が自身の食べ物を買った後、後ろの車の分も払うと申し出たことから「恩送り」の連鎖が始まった。店員が次の客に事情を説明すると、前の車を見習って後続車の分まで支払うという事態が続いた。ペイフォワードと称されるこの現象はこれまでもあったが、900台も巻き込んで3日間にわたって続いた、これほど大きな連鎖は、今回が初めてだと店舗マネジャーは語っている。

アメリカ英語（厳密にはカナダ英語）です。まずは、ナチュラル音声を聞いて内容を推測しましょう。
次に、ページをめくって、ゆっくり音声（ポーズ入り）に進みましょう。

BTS Get to Defer Military Service

South Korea's parliament has voted to allow artists, including, yes, BTS, to postpone their mandatory military service. All able-bodied South Korean men between 18 and 28 must serve two years. The new rule grants an exception for artists who improve the country's cultural status and boost the economy. BTS has become a global phenomenon, of course, since their debut in 2013. Their single "Dynamite" hit No. 1 in the US charts.

Aired on December 2, 2020

TOEIC-style Questions

内容を正しく把握できたか、TOEIC® L&Rテスト Part 4 形式の問題で確かめましょう。［正解は次ページ］

1. Why will BTS members be allowed to postpone their military service?

(A) Because they are not able-bodied

(B) Because they had a No. 1 single in America

(C) Because of a new rule for successful artists

(D) Because they are not living in South Korea

2. For how long do South Korean men have to do military service?

(A) One year

(B) Two years

(C) Four years

(D) Eight years

一定年齢の男性には兵役義務がある韓国で、
BTSなどに特例が与えられることになりました。

"NAMITE" DEFERMENT
P STARS ALLOWED TO POSTPONE MILITARY SERVIC

BTS、
兵役法改正へと国を動かす！

American

韓国国会は投票で決議し、アーティストたちが、そう、BTSも含めて、兵役義務を延期できるようにしました。18歳から28歳までのすべての健康な韓国人男性は、2年間、兵役に就かなければなりません。新たな規則は、韓国の文化的ステータスを向上させ、その経済を引き上げるアーティストたちを特例とするものです。BTSは、2013年のデビュー以来、言うまでもなく世界的な現象といえる存在になっています。彼らのシングル「Dynamite」は米国のチャートでNo.1になりました。

(2021年4月号掲載)（訳　編集部）

重要ボキャブラリー		
□ **defer** [difə́:r]		《タイトル》～を延期する、先送りする
□ **military service** [mílətèri | mílitəri]		《タイトル》兵役
□ **postpone** [poustpóun]		～を延期する、先送りする
□ **mandatory** [mǽndətɔ̀ri | -təri]		義務的な、強制的な
□ **grant an exception for** [iksépʃən]		～を特例とする、例外として認める

TOEIC-style Questions の答え

1. (C)

2. (B)

設問の語注

successful	成功した、成功を収めた

ゆっくり音声の適切な個所にポーズ（無言の間）が入れてあります。区切り聞きしてみましょう。
また、ポーズのところで、直前に聞き取った英語を自分で声に出すシャドーイング練習をしてみましょう。
自信がついたら、ポーズなしのゆっくり音声で、さらにはナチュラル音声でも練習してみてください。

South Korea's parliament has voted/
to allow artists,/
including, yes, BTS,/
to postpone their mandatory military service.//

All able-bodied South Korean men between 18 and 28/
must serve two years.//
The new rule grants an exception/
for artists who improve the country's cultural status and boost
the economy.//

BTS has become a global phenomenon, of course,/
since their debut in 2013.//
Their single "Dynamite" hit No. 1/
in the US charts.//

語注

get to do:《タイトル》〜することができる、許される **defer:**《タイトル》〜を延期する、先送りする **military service:**《タイトル》兵役	**parliament:** 国会、議会 **vote to do:** 〜することを投票で決める **postpone:** 〜を延期する、先送りする	**mandatory:** 義務的な、強制的な **able-bodied:** 五体満足な、健常な **grant an exception for:** 〜を特例とする、例外として認める	**improve:** 〜を向上させる **boost:** 〜を引き上げる、上昇させる **phenomenon:** 出来事、現象 **debut:** 初登場、デビュー

ポーズのところで区切った日本語訳です。区切り聞きした英語の意味を確認するほか、
日本語を見て区切られた部分ごとに英語に言い換える「反訳」の練習（日→英サイトトランスレーション）を
すれば発信型の英語力がアップします。

韓国国会は投票で決議した /

アーティストたちに許可することを /

そう、BTSも含めて /

兵役義務を延期することを。//

18歳から28歳までのすべての健康な韓国人男性は /

2年間、兵役に就かなければならない。//

新たな規則は、特例とするものだ /

韓国の文化的ステータスを向上させ、その経済を引き上げるアーティストたちを。//

BTSは言うまでもなく世界的な現象といえる存在になっている /

2013年のデビュー以降。//

彼らのシングル「Dynamite」はNo.1になった /

米国のチャートで。//

ワンポイント解説

□ 5〜6行目の文では、All able-bodied South Korean men between 18 and 28 が1つの長い主語。serve はここでは自動詞で使われていて「兵役に就く」という意味を持つ。serve two years は serve for two years ということ。

□ 12〜13行目は、BTS が 2020年8月にシングル「Dynamite」で米ビルボード「ホット100」の1位を獲得したことを指している。

□ 韓国では、2020年12月22日に公布された兵役法の一部改正案により、文化体育観光部長官の推薦を受けた者は入隊を延期できるようになった。絶大な人気を持つ BTS（防弾少年団）を意識したものと考えられており、この改正を「BTS法」と呼ぶ声もある。

アメリカ英語です。まずは、ナチュラル音声を聞いて内容を推測しましょう。
次に、ページをめくって、ゆっくり音声（ポーズ入り）に進みましょう。

Breakdancing Becomes Olympic Sport

Upcoming Olympic events: sport[s] climbing, extreme canoe slalom and breakdancing. It'll make its debut at the 2024 Summer Games in Paris, France. The International Olympic Committee made the announcement this week. It says it's part of an effort to make the Games more youthful and more urban. Some athletes in excluded sports, like squash, strongly disagree with the decision. But the IOC says the host countries have some influence over what's included, and France apparently proposed breakdancing.

Aired on December 9, 2020

TOEIC-style Questions
内容を正しく把握できたか、TOEIC® L&RテストPart 4形式の問題で確かめましょう。［正解は次ページ］

1. What is one reason why break-dancing was chosen?

   (A) To give the Olympic Games a younger image

   (B) To get more people interested in outdoor sports

   (C) To attract athletes from more countries

   (D) To reduce the influence of the host countries

2. Which sport will be excluded from the 2024 Summer Games?

   (A) Extreme canoe slalom

   (B) Sport climbing

   (C) Squash

   (D) All of the above

パリ五輪にはブレイクダンスなどが
追加競技として選ばれました。

パリ五輪の追加競技、
ブレイクダンスなどに決定

　近く行われるオリンピックの競技種目。それはスポーツクライミング、エクストリームカヌースラローム、そしてブレイクダンスです。ブレイクダンスはフランス・パリで開催される2024年夏季オリンピックが初お目見えとなります。国際オリンピック委員会（IOC）は、今週、そのことを発表しました。委員会によれば、それはオリンピックをより若々しく、より都会的なものにするための取り組みの一環だそうです。スカッシュのように除外されたスポーツの競技者の一部は、この決定に強く反発しています。しかし、IOCによれば開催国は何が加えられるかに一定の影響力を持っているとのことで、どうやらフランスはブレイクダンスを推したようです。

（2021年4月号掲載）（訳　編集部）

重要ボキャブラリー

☐ **breakdancing** [bréikdæ̀nsiŋ]	《タイトル》ブレイクダンス	
☐ **youthful** [júːθfl]	若々しい、はつらつとした	
☐ **athlete** [ǽθliːt]	運動選手、アスリート	
☐ **influence over** [ínfluəns]	〜に対する影響力	
☐ **propose** [prəpóuz]	〜を提案する	

TOEIC-style Questionsの答え

1. (A)

2. (C)

設問の語注

(be) interested in	〜に興味を持つ
outdoor sports	屋外競技、アウトドアスポーツ
attract	〜を引き付ける、呼び込む
reduce	〜を減らす、減少させる
the above	上記のもの

ゆっくり音声の適切な個所にポーズ（無言の間）が入れてあります。区切り聞きしてみましょう。
また、ポーズのところで、直前に聞き取った英語を自分で声に出すシャドーイング練習をしてみましょう。
自信がついたら、ポーズなしのゆっくり音声で、さらにはナチュラル音声でも練習してみてください。

Upcoming Olympic events:/
sport[s] climbing, extreme canoe slalom and breakdancing.//
It'll make its debut at the 2024 Summer Games in Paris, France.//

The International Olympic Committee made the announcement/
this week.//
It says/
it's part of an effort to make the Games more youthful and more urban.//

Some athletes in excluded sports, like squash,/
strongly disagree with the decision.//
But the IOC says/
the host countries have some influence over what's included,/
and France apparently proposed breakdancing.//

語注

breakdancing: 《タイトル》ブレイクダンス	**the International Olympic Committee:** 国際オリンピック委員会 ▶略称IOC。	**effort:** 取り組み、努力 **youthful:** 若々しい、はつらつとした	**exclude:** ～を除外する、排除する **influence over:** ～に対する影響力
upcoming: 近いうちに行われる、もうすぐの **make one's debut:** デビューする、初登場する	**make an announcement:** 発表する、公表する	**urban:** 都会的な、都市の **athlete:** 運動選手、アスリート	**apparently:** どうやら～らしい **propose:** ～を提案する

ポーズのところで区切った日本語訳です。区切り聞きした英語の意味を確認するほか、
日本語を見て区切られた部分ごとに英語に言い換える「反訳」の練習(日→英サイトトランスレーション)を
すれば発信型の英語力がアップします。

American

近く行われるオリンピックの競技種目は次のものだ /

スポーツクライミング、エクストリームカヌースラローム、ブレイクダンス。//

ブレイクダンスはフランス・パリで開催される 2024 年夏季オリンピックが初

お目見えとなる。//

国際オリンピック委員会 (IOC) はそのことを発表した /

今週。//

委員会によれば /

それはオリンピックをより若々しく、より都会的なものにするための取り組

みの一環だという。//

スカッシュのように除外されたスポーツの競技者の一部は /

この決定に強く反発している。//

だが、IOC によれば /

開催国は何が加えられるかに一定の影響力を持つ /

そして、どうやらフランスはブレイクダンスを提案したようである。//

ワンポイント解説

□ 2 行目の最初の種目名を CNN のアンカーは
sports climbing と言っているが、正式名称は
sport climbing。「ゆっくり音声」では正しく収
録されている。

□ 10 行目に excluded sports, like squash とあ
るが、もともと五輪競技としてあったものが外
されたということではなく、五輪種目に新たに
追加される競技から除外されたということ。

□ 2020 年 12 月 7 日に開かれた国際オリンピ
ック委員会(IOC)の理事会で、2024 年パリ・
オリンピックの追加種目が正式に決定された。
このニュースで紹介されているスポーツクライ
ミングは、ほぼ垂直な壁を道具を持たずに登る
競技で、スピード、ボルタリング、リードなど
の種目がある。一方、エクストリームカヌース
ラロームは、4 人の競技者が激流で順位を競う
カヌー競技である。

イギリス英語（厳密には南アフリカ英語）です。まずは、ナチュラル音声を聞いて内容を推測しましょう。
次に、ページをめくって、ゆっくり音声（ポーズ入り）に進みましょう。

Mauritius Hit by Oil Spill

A Japanese tanker ran aground off Mauritius two weeks ago, and it's been spilling fuel into the sea. The fuel has been washing ashore, as you can see here. Satellite images show the slick is more than a kilometer long. Well, now, the situation could even get worse, as the tanker is starting to break apart. We know that volunteers are turning out to scoop up oil with their bare hands.

Aired on August 11, 2020

リスニングのポイント
解説：南條健助（桃山学院大学国際教養学部准教授）

語の最後の [r] の音が発音されない方言では、二重母音がしばしば長母音のように発音される。

3行目のashore
[アショー]
最終行のbare
[ベー]

このアンカーは、南アフリカ英語の話し手ですが、イギリス英語に近い発音です。イギリス英語のように、語の最後の [r] の音が発音されない方言（オーストラリア英語なども含みます）では、二重母音がしばしば長母音のように発音されます。ashore は、アメリカ英語では、[ア

ショア] に近い響きになりますが、ここでは、[オア] のように聞こえる二重母音が [オー] のように聞こえる長母音で発音されており、[アショー] に近い響きになっています。bare は、アメリカ英語では、[ベア] に近い響きになりますが、ここでは、[エア] のように聞こえる二重母音が [エー] と [アー] の中間くらいに聞こえる長母音で発音されており、[ベー] と [バー] の中間くらいの響きになっています。また、最近のイギリス英語では、appear、beer、clear、here、idea、year などにおいて、[イア] のように聞こえる二重母音が [イー] と [エー] の中間くらいに聞こえる長母音で発音されることが増えてきました。

モーリシャス沖で座礁し、
船体が2つに折れた日本の貨物船。

モーリシャス沖で座礁した
日本船から燃料大流出

2週間前、日本の貨物船がモーリシャス沖で座礁し、以来、船から燃料が海に流出し続けています。ご覧のように、燃料は周辺沿岸に流れ着いています。衛星写真で見ると、油膜が1キロ以上にわたって広がっているのが分かります。さて、今や貨物船の船体が分裂し始めているので、状況はさらに悪化するかもしれません。ボランティアが集まって、素手で油をすくい取っていることが確認されています。

（2020年12月号掲載）（訳　石黒円理）

重要ボキャブラリー		ニュースのミニ知識
□ **oil spill** [ɔ́il spìl]	《タイトル》石油流出、原油流出	2020年7月25日、アフリカ大陸の東にある西インド洋のモーリシャス（イギリス連邦加盟国のひとつ）の沖合で、パナマ船籍で日本の会社が保有し商船三井が運航する船「わかしお」（このCNNニュースではtankerと言っているが、「わかしお」はタンカーではなく大型貨物船）が座礁した。同年8月6日ごろから船の燃料が漏れ始め、白いビーチは一変、暗黒に染まった。航行の安全を脅かした容疑で逮捕されたインド人船長らは、島に接近した理由について、家族と連絡を取るために携帯電話の電波を拾おうとしたと供述している。
□ **run aground** [əgráund]	座礁する、浅瀬に乗り上げる	
□ **fuel** [fjúːəl]	燃料	
□ **wash ashore** [əʃɔ́ːr]	岸に打ち寄せる、流れ着く	
□ **scoop up** [skùːp ʌ́p]	〜をすくい上げる、くみ上げる	

ゆっくり音声の適切な個所にポーズ（無言の間）が入れてあります。区切り聞きしてみましょう。
また、ポーズのところで、直前に聞き取った英語を自分で声に出すシャドーイング練習をしてみましょう。
自信がついたら、ポーズなしのゆっくり音声で、さらにはナチュラル音声でも練習してみてください。

A Japanese tanker ran aground off Mauritius/
two weeks ago,/
and it's been spilling fuel into the sea.//

The fuel has been washing ashore,/
as you can see here.//
Satellite images show/
the slick is more than a kilometer long.//
Well, now, the situation could even get worse,/
as the tanker is starting to break apart.//

We know/
that volunteers are turning out/
to scoop up oil with their bare hands.//

語注

Mauritius: 《タイトル》モーリシャス	**tanker:** タンカー、油槽船	**fuel:** 燃料	**break apart:** ばらける、分裂する
hit: 《タイトル》〜を襲う、〜に打撃を与える	**run aground:** 座礁する、浅瀬に乗り上げる	**wash ashore:** 岸に打ち寄せる、流れ着く	**turn out:** 集まってくる、出てくる
oil spill: 《タイトル》石油流出、原油流出	**off:** 〜沖で、〜の沖合で	**satellite:** 人工衛星	**scoop up:** 〜をすくい上げる、くみ上げる
	spill A into B: AをBに流出させる	**slick:** = oil slick　油膜	**bare hands:** 素手

ポーズのところで区切った日本語訳です。区切り聞きした英語の意味を確認するほか、
日本語を見て区切られた部分ごとに英語に言い換える「反訳」の練習(日→英サイトトランスレーション)を
すれば発信型の英語力がアップします。

日本のタンカーがモーリシャス沖で座礁した /
2週間前に /
そしてそれは燃料を海に流出し続けている。//

その燃料は岸に流れ着いている /
ご覧のように。//
人工衛星の画像は示している /
油膜が1キロメートル以上に及んでいることを。//
さて、今や、状況はさらに悪化するかもしれない /
貨物船の船体が分裂し始めているのだから。//

分かるのは /
ボランティアが集まってきていることだ /
素手で油をすくい取るために。//

British

ワンポイント解説

□ 1 行目の aground は「座礁して、乗り上げて」
の意の副詞。動詞 run とともに句動詞として使
われることが多い。

□ 3 行目の it's は it has の短縮形。

□ 8 行目の even は get worse を強調する副詞
で、「さらに」の意。その前の could は「～も
ありえる」という可能性を表している。

□ 現地では、事故によるイメージダウンで、外
国人観光客の激減など経済への打撃が深刻であ
る。周辺地域は世界的にも貴重な湿地帯として
ラムサール条約に登録されており、マングロー
ブ林やサンゴ礁の自然環境被害への懸念が残
る。日本政府は現地政府と協働し、生態系回復
や漁業再開に向け支援活動を行っており、商船
三井も 10 億円を拠出しているが、関係各国の
社会的責任については議論が紛糾している。

イギリス英語（厳密には南アフリカ英語）です。まずは、ナチュラル音声を聞いて内容を推測しましょう。
次に、ページをめくって、ゆっくり音声（ポーズ入り）に進みましょう。

World's Largest Icebreaker

Russia's Arctic icebreaking fleet is getting a powerful new addition. This is the nuclear-powered *Arktika*, currently on its way from Saint Petersburg to the Port of Murmansk. The vessel's owner says it's the largest and most powerful icebreaker in the world. *Arktika* will work along the Northern Sea Route, which runs from the northern coast of eastern Russia through to the Bering Strait.

Aired on September 23, 2020

TOEIC-style Questions

内容を正しく把握できたか、TOEIC® L&RテストPart 4形式の問題で確かめましょう。[正解は次ページ]

1. What is special about this vessel?

(A) It is said to be the world's most powerful icebreaker.

(B) It is designed for use in the North Sea.

(C) It is the largest ship in the world.

(D) It is nuclear-powered.

2. Where will the new icebreaker be used?

(A) In Saint Petersburg

(B) All over the world

(C) Along the Northern Sea Route

(D) In Western Russia

ロシアの砕氷艦隊に
超強力な原子力船が加わります。

世界最大の原子力砕氷船を
ロシアが完成

北極圏で活動するロシアの砕氷船隊に、強力な一隻が新たに加わろうとしています。こちらがその原子力船「アルクティカ」で、目下、サンクトペテルブルクからムルマンスク港に向かっているところです。この船舶を保有する企業によれば、それは世界最大かつ最強の馬力を有する砕氷船です。「アルクティカ」の働き場所は北極海航路沿いになりますが、それはロシア東部の北岸からベーリング海峡へと至る航路です。

(2021年1月号掲載)(訳　編集部)

British

重要ボキャブラリー

☐ **icebreaker** [áisbrèikər]	《タイトル》砕氷船	
☐ **Arctic** [áːrktik]	北極の、北極圏の	
☐ **fleet** [flíːt]	船隊、船団	
☐ **nuclear-powered** [njuːkliər]	原子力で動く、原子力を利用した	
☐ **vessel** [vésl]	船、船舶	

TOEIC-style Questions の答え

1. (A)

2. (C)

設問の語注

be designed for	〜のために考案されている、〜用に設計されている
the North Sea	北海

ゆっくり音声の適切な個所にポーズ（無言の間）が入れてあります。区切り聞きしてみましょう。
また、ポーズのところで、直前に聞き取った英語を自分で声に出すシャドーイング練習をしてみましょう。
自信がついたら、ポーズなしのゆっくり音声で、さらにはナチュラル音声でも練習してみてください。

Russia's Arctic icebreaking fleet is getting a powerful new addition. //

This is the nuclear-powered *Arktika*, /
currently on its way from Saint Petersburg to the Port of Murmansk. //

The vessel's owner says /
it's the largest and most powerful icebreaker in the world. //

Arktika will work along the Northern Sea Route, /
which runs from the northern coast of eastern Russia through to the Bering Strait. //

語注

icebreaker: 《タイトル》砕氷船 **Arctic:** 北極の、北極圏の **icebreaking:** 砕氷の **fleet:** 船隊、船団	**nuclear-powered:** 原子力で動く、原子力を利用した **currently:** 目下、現在 **(be) on one's way from A to B:** AからBへ向かう途中である	**Saint Petersburg:** サンクトペテルブルク ▶ロシア第2の都市。 **Murmansk:** ムルマンスク　▶モスクワの北約2000キロにある港湾都市。 **vessel:** 船、船舶	**the Northern Sea Route:** 北極海航路 **from A through to B:** AからBまでずっと **the Bering Strait:** ベーリング海峡

ポーズのところで区切った日本語訳です。区切り聞きした英語の意味を確認するほか、
日本語を見て区切られた部分ごとに英語に言い換える「反訳」の練習（日→英サイトトランスレーション）を
すれば発信型の英語力がアップします。

北極圏で活動するロシアの砕氷船隊に、強力な一隻が新たに加わろうとしている。//

こちらがその原子力船「アルクティカ」で/
目下、この船はサンクトペテルブルクからムルマンスク港に向かっているところだ。//

この船舶のオーナーによれば/
それは世界最大かつ最強の馬力を有する砕氷船だ。//

「アルクティカ」の働き場所は北極海航路沿いになる/
北極海航路というのはロシア東部の北岸からベーリング海峡へと至る航路である。//

British

ワンポイント解説

□ このニュースのタイトルにも使われている icebreaker は、文字通り氷 (ice) を砕く (break) 船を指すが、この語は比喩的に「かたい空気をほぐすもの」、すなわちパーティーなどで緊張をほぐすための言葉やゲームなどを指すこともある。

□ 6 行目の The vessel's owner は、この砕氷船の保有企業を指すと思われる。

□ 2020 年 9 月、ロシアの最新型原子力砕氷船「アルクティカ」が完成したと報じられた。「アルクティカ」は全長 173 メートルの巨大な原子力砕氷船で、原子炉 2 基を動力源として搭載する。北極圏はエネルギー資源の豊庫とされるが、ロシアはこの原子力砕氷船を利用し、資源の争奪戦で優位に立つことを狙っていると見られる。

Royal Mercy for Murderer-Turned-Hero

And a convicted murderer who helped stop a terror attack on London Bridge last year will likely have his sentence reduced, thanks to a pardon of sorts from the queen. Steven Gallant famously used a narwhal tusk to confront the Islamic attacker, who fatally stabbed two people. Viral video of the incident shows Gallant jabbing him with the tusk before police shot him dead. Gallant was on leave from prison to attend an event on prisoners' education when the attack took place.

Aired on October 19, 2020

TOEIC-style Questions
内容を正しく把握できたか、TOEIC® L&Rテスト Part 4 形式の問題で確かめましょう。［正解は次ページ］

1. Why was Steven Gallant recently in the news?

(A) Because he risked his life to stop an attack

(B) Because he murdered someone

(C) Because he stabbed two people

(D) Because he is an Islamic terrorist

2. Why wasn't Gallant in prison when this incident occurred?

(A) Because he had not yet committed any crime

(B) Because he had escaped from prison

(C) Because he had received a pardon from the queen

(D) Because he was on leave from prison

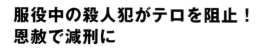

テロリストに立ち向かった受刑者に
英国女王が減刑措置を与えます。

服役中の殺人犯がテロを阻止！
恩赦で減刑に

British

そして、殺人で有罪判決を受けた人物が、昨年ロンドン橋上でテロ事件を阻止するのに協力したため、女王による一種の恩赦を受けて減刑になる見込みです。周知のように、スティーブン・ギャラント氏はイッカクの牙を使ってイスラム系のテロリストに立ち向かいましたが、そのテロリストは2人の人を刃物で刺し殺しました。広く拡散されたその事件の動画に映っているのは、警察が射殺する前にテロリストを牙で突くギャラント氏の姿です。ギャラント氏は、事件発生当時、受刑者の教育についてのイベントに参加するために許可を得て刑務所の外にいたのです。

（2021年2月号掲載）（訳　編集部）

重要ボキャブラリー

- ☐ **mercy** 《タイトル》慈悲、容赦
  [mə́ːrsi]
- ☐ **murderer** 《タイトル》殺人者、殺人犯
  [mə́ːrdərər]
- ☐ **convicted** 有罪判決を受けた
  [kənvíktid]
- ☐ **reduce a sentence** 刑を減じる、減刑する
  [séntəns]
- ☐ **viral** （ネットなどで）広く拡散された、バズった
  [váirəl]

TOEIC-style Questions の答え

1. (A)

2. (D)

設問の語注

risk one's life to do	命懸けで〜する
murder	〜を殺す
occur	起こる、発生する
commit a crime	罪を犯す
escape from	〜から逃げる

ゆっくり音声の適切な個所にポーズ（無言の間）が入れてあります。区切り聞きしてみましょう。
また、ポーズのところで、直前に聞き取った英語を自分で声に出すシャドーイング練習をしてみましょう。
自信がついたら、ポーズなしのゆっくり音声で、さらにはナチュラル音声でも練習してみてください。

And a convicted murderer/
who helped stop a terror attack on London Bridge last year/
will likely have his sentence reduced,/
thanks to a pardon of sorts from the queen.//

Steven Gallant famously used a narwhal tusk/
to confront the Islamic attacker,/
who fatally stabbed two people.//

Viral video of the incident shows/
Gallant jabbing him with the tusk/
before police shot him dead.//

Gallant was on leave from prison/
to attend an event on prisoners' education/
when the attack took place.//

語注

mercy: 《タイトル》慈悲、容赦	**terror attack:** テロ攻撃、テロ事件	**narwhal:** イッカク ▶北極洋にすむクジラの一種。	**stab:** （刃物で）〜を刺す
murderer: 《タイトル》殺人者、殺人犯	**reduce a sentence:** 刑を減じる、減刑する	**tusk:** 牙	**viral:** （ネットなどで）広く拡散された、バズった
A-turned-B: AからBになったもの	**pardon:** 恩赦、減刑	**confront:** 〜に立ち向かう	**jab:** 〜を突く、突き刺す
convicted: 有罪判決を受けた	**of sorts:** 一種の、ある種の	**fatally:** 致命的に、死ぬほどに	**be on leave from:** 公式に〜を離れている

ポーズのところで区切った日本語訳です。区切り聞きした英語の意味を確認するほか、
日本語を見て区切られた部分ごとに英語に言い換える「反訳」の練習（日→英サイトトランスレーション）を
すれば発信型の英語力がアップします。

そして、有罪判決を受けたある殺人犯は /
昨年、ロンドン橋上でテロ事件を阻止するのに協力した人物だが /
減刑してもらうことになりそうだ /
女王による一種の恩赦のおかげで。//

周知のように、スティーブン・ギャラント氏はイッカクの牙を使った /
イスラム教徒の襲撃者に立ち向かうのに /
その襲撃者は2人の人を刃物で突き刺して殺した。//

広く拡散されたその事件の動画に映っているのは /
襲撃者を牙で突くギャラント氏の姿だ /
警察が襲撃者を射殺する前に。//

ギャラント氏は許可を得て刑務所の外にいた /
受刑者の教育についてのイベントに参加するために /
襲撃があったときは。//

ワンポイント解説

□ 3行目の have his sentence reduced のような have...done という形は、「…を〜してもらう」という意味になる。

□ 11行目の on leave は、「（学校・仕事などを）休んで、休暇を取って」という意味に使われることが多いが、そこには「（手続きをして）公式に、許可の下で」というニュアンスが含まれる。

□ スティーブン・ギャラント氏は殺人を犯し、2005年から服役している受刑者。彼がテロ事件の犯人に立ち向かうのに使った「イッカクの牙」は、参加したイベントの会場にたまたまあったものだという。エリザベス女王は彼が事件拡大防止に貢献したとして、「恩赦大権」を適用。ギャラント氏は予定より10カ月早く仮釈放の審査を受けることになった。

イギリス英語（厳密には南アフリカ英語）です。まずは、ナチュラル音声を聞いて内容を推測しましょう。
次に、ページをめくって、ゆっくり音声（ポーズ入り）に進みましょう。

Evidence of Flooding on Mars

Scientists have discovered evidence of catastrophic flooding on Mars that took place nearly 4 billion years ago. NASA's *Curiosity* rover captured images from a crater on the planet. They show channel and ripple patterns carved by water. Scientists think the heat from a meteor vaporized frozen reservoirs all those billions of years ago that in turn produced floods and brought about a warm and rainy season.

Aired on November 24, 2020

TOEIC-style Questions
内容を正しく把握できたか、TOEIC® L&Rテスト Part 4 形式の問題で確かめましょう。[正解は次ページ]

1. What did the NASA rover capture images of?

   (A) Flooding

   (B) Ripple patterns

   (C) A meteor

   (D) Frozen reservoirs

2. What do scientists believe caused the flooding on Mars?

   (A) An eruption from a crater

   (B) Water channels

   (C) A meteor

   (D) All of the above

火星に洪水の痕跡が見つかり、
生物の存在の期待が高まります。

40億年前の大洪水の痕跡を
火星に発見！

科学者たちは、火星に、40億年近く前に発生した壊滅的な洪水の痕跡を発見しました。NASA（米国航空宇宙局）の探査車「キュリオシティ」は、火星のクレーターの画像を撮影しました。画像には、水で削られてできた水路と波紋の模様が映っています。科学者たちの考えでは、数十億年も前に隕石の熱が凍っていた帯水層を気化させた結果、洪水が生じ、温暖な雨季がもたらされたのです。

（2021年3月号掲載）（訳　編集部）

British

重要ボキャブラリー		TOEIC-style Questionsの答え	
☐ **catastrophic** [kὰetəstráfik]	壊滅的な、悲惨な	**1.**（B）	
☐ **ripple** [rípl]	さざ波、波紋	**2.**（C）	
☐ **carve** [káːrv]	（浸食などで）〜を形成 する、形作る	設問の語注	
☐ **meteor** [míːtiər]	隕石（いんせき）、流星	**cause**	〜を引き起こす、 〜の原因となる
☐ **vaporize** [véipəràiz]	〜を気化させる	**eruption**	噴火、噴出
		the above	上記のもの

写真：Raziel Abulafia / Flickr

ゆっくり音声の適切な個所にポーズ（無言の間）が入れてあります。区切り聞きしてみましょう。
また、ポーズのところで、直前に聞き取った英語を自分で声に出すシャドーイング練習をしてみましょう。
自信がついたら、ポーズなしのゆっくり音声で、さらにはナチュラル音声でも練習してみてください。

Scientists have discovered evidence of catastrophic flooding/
on Mars/
that took place nearly 4 billion years ago.//

NASA's *Curiosity* rover captured images/
from a crater on the planet.//
They show channel and ripple patterns carved by water.//

Scientists think/
the heat from a meteor vaporized frozen reservoirs/
all those billions of years ago/
that in turn produced floods/
and brought about a warm and rainy season.//

語注

evidence:	**rover:**	**ripple:**	**reservoir:**
《タイトル》証拠、痕跡	惑星探査機、探査車	さざ波、波紋	帯水層、貯留層
flooding:	**capture:**	**carve:**	**in turn:**
《タイトル》洪水、氾ら	～を捉える、撮影する	（浸食などで）～を形	その結果、今度は
ん	**crater:**	成する、形作る	**bring about:**
Mars:	クレーター	**meteor:**	～をもたらす、引き起こ
《タイトル》火星	**channel:**	隕石（いんせき）、流星	す
catastrophic:	水路、川床	**vaporize:**	**rainy season:**
壊滅的な、悲惨な		～を気化させる	雨季

ポーズのところで区切った日本語訳です。区切り聞きした英語の意味を確認するほか、
日本語を見て区切られた部分ごとに英語に言い換える「反訳」の練習（日→英サイトトランスレーション）を
すれば発信型の英語力がアップします。

科学者たちは壊滅的な洪水の痕跡を発見した /

火星に /

その洪水は40億年近く前に発生したものだ。//

NASA（米国航空宇宙局）の探査車「キュリオシティ」は画像を撮影した /

火星のクレーターの画像だ。//

画像には水で削られてできた水路と波紋の模様が映っている。//

科学者たちの考えでは /

隕石の熱が、凍っていた帯水層を気化させたのだ /

数十億年も前に /

その結果、洪水が生じた /

そして温暖な雨季がもたらされた。//

British

ワンポイント解説

□ 9 行目の all those は、具体的な数を指しているのではなく、強調のニュアンス。「なんと10億年単位で数える昔に」くらいの意味である。

□ 10 行目の that は関係代名詞。前の節全体の内容（数十億年も前に隕石の熱が凍っていた帯水層を気化させたこと）が先行詞になっていると考えられる。

□ 2020 年 11 月、米国コーネル大学と NASA（米国航空宇宙局）などの研究チームが発表したところによると、火星のクレーターが 40 億年ほど前に大洪水にみまわれたことを確認したという。巨大な隕石（いんせき）が火星に衝突した際の熱が火星の氷河を溶かした影響と考えられている。水の存在は生物が存在する可能性につながるため、こうした発見の意義は大きいといえる。

イギリス英語（厳密には南アフリカ英語）です。まずは、ナチュラル音声を聞いて内容を推測しましょう。
次に、ページをめくって、ゆっくり音声（ポーズ入り）に進みましょう。

New Warning on Global Warming

A recent report had this grim news: 2020 is on track to be one of the world's three warmest years on record. The oceans, for instance, are still warming at record levels. And then in August, California's Death Valley reached a searing 130 degrees Fahrenheit. The report says that's the highest known temperature globally in at least 80 years. Now, although the air seems cleaner in some areas because of COVID lockdowns, some scientists say carbon-dioxide levels are at record highs and still rising.

Aired on December 13, 2020

TOEIC-style Questions
内容を正しく把握できたか、TOEIC® L&Rテスト Part 4 形式の問題で確かめましょう。［正解は次ページ］

1. What was record-setting about 2020?

   (A) The oceans warmed at record levels.

   (B) A rarely reached high temperature was recorded.

   (C) Carbon-dioxide levels were said to be at record highs.

   (D) All of the above

2. Where did the air seem to get cleaner in 2020?

   (A) In every part of the world

   (B) In Death Valley

   (C) In areas with COVID lockdowns

   (D) Over the oceans

世界気象機関（WMO）の報告では
2020年も地球温暖化が進みました。

地球温暖化の進行は
コロナ禍でも止まらず

最近出た報告書がこの暗いニュースを伝えています。すなわち、2020年は史上3本の指に入るほど世界的に温暖な1年になろうとしているのです。たとえば、海洋は今なお記録的なレベルで温暖化を続けています。さらに8月には、カリフォルニア州のデスバレーが力氏130度（セ氏約54.4度）という灼熱の気温に達しました。この報告書によれば、それは、少なくともこの80年間において、知られる限り世界で最も高い気温です。さて、一部の地域ではコロナ対策の都市封鎖のおかげで大気がきれいになっているようですが、一部の科学者が言うには、二酸化炭素レベルは記録的な高さであり、今なお上昇を続けているのだそうです。

(2021年4月号掲載) (訳　編集部)

重要ボキャブラリー

□ **grim** [grím]	ぞっとするような、暗い内容の
□ **searing** [síəriŋ]	灼熱（しゃくねつ）の、焼けつくような
□ **...degrees Fahrenheit** [fǽrənhàit]	力氏…度
□ **temperature** [témpərtʃùər]	気温、温度
□ **carbon-dioxide** [daióksaid │ -ák-]	二酸化炭素の、炭酸ガスの

TOEIC-style Questionsの答え

1. （D）

2. （C）

設問の語注

record-setting	記録的な、過去最高の
rarely	めったに～しない
the above	上記のもの

ゆっくり音声の適切な個所にポーズ（無言の間）が入れてあります。区切り聞きしてみましょう。
また、ポーズのところで、直前に聞き取った英語を自分で声に出すシャドーイング練習をしてみましょう。
自信がついたら、ポーズなしのゆっくり音声で、さらにはナチュラル音声でも練習してみてください。

A recent report had this grim news:/
2020 is on track/
to be one of the world's three warmest years on record.//
The oceans, for instance, are still warming at record levels.//

And then in August,/
California's Death Valley reached a searing 130 degrees Fahrenheit.//
The report says/
that's the highest known temperature globally/
in at least 80 years.//

Now, although the air seems cleaner in some areas because of COVID lockdowns,/
some scientists say/
carbon-dioxide levels are at record highs and still rising.//

語注

warning on:《タイトル》〜に対する警告、警鐘	**be on track to be:**〜になろうとしている、なる道を進んでいる	**reach:**〜に達する、至る **searing:**灼熱（しゃくねつ）の、焼けつくような	**COVID:**＝coronavirus disease　コロナウイルス感染症
global warming:《タイトル》地球温暖化	**on record:**史上、記録上	**...degrees Fahrenheit:**カ氏…度	**carbon-dioxide:**二酸化炭素の、炭酸ガスの
grim:ぞっとするような、暗い内容の	**record:**記録的な、空前の **Death Valley:**デスバレー	**temperature:**気温、温度	**be at a...high:**…の高さである

ポーズのところで区切った日本語訳です。区切り聞きした英語の意味を確認するほか、
日本語を見て区切られた部分ごとに英語に言い換える「反訳」の練習(日→英サイトトランスレーション)を
すれば発信型の英語力がアップします。

最近の報告書の中にこの暗いニュースがあった /

2020年はなろうとしている /

史上3本の指に入るほど世界的に温暖な1年に。//

たとえば、海洋は今なお記録的なレベルで温暖化を続けている。//

その上、8月には /

カリフォルニア州のデスバレーがカ氏130度(セ氏約54.4度)という灼熱の
気温に達した。//

この報告書によれば /

それは知られる限り世界で最も高い気温である /

少なくともこの80年間で。//

さて、一部の地域ではコロナ対策の都市封鎖のおかげで大気がきれいになっ
ているようだが /

一部の科学者が言うには /

二酸化炭素レベルは記録的な高さであり、今なお上昇を続けている。//

British

ワンポイント解説

□ 2〜3行目に 2020 is on track to be...(…に
なろうとしている)とあるのは、このニュース
の放送日が 2020 年 12 月 13 日だから。

□ 6 行目の Death Valley は米国カリフォルニア
州のモハーベ砂漠北部に位置する盆地。ここで、
1913 年にセ氏 56.6 度(カ氏約 133.9 度)が
観測されたというが、その真偽を巡っては議論
があるようだ。

□ スイスのジュネーブに本部を置く世界気象機
関(WMO)が 2020 年 12 月に発表した年次報
告によると、コロナ禍にあっても地球温暖化は
やまず、世界各地で記録的な高さの気温が見ら
れたという。ただし、大気汚染の実態を監視す
るスイス企業の報告では、都市封鎖などの影響
により世界の 8 割以上の国で汚染が軽減したと
されており、環境問題のすべてが悪化している
わけではない。

オーストラリア英語です。まずは、ナチュラル音声を聞いて内容を推測しましょう。
次に、ページをめくって、ゆっくり音声 (ポーズ入り) に進みましょう。

Hijab Added to Police Uniform

And police in New Zealand have unveiled a new feature on their uniforms, designed specifically for Muslim women. It's a specially made hijab, designed in part by one of their constables, Zeena Ali. She was also the first member of the department to wear the new garment. And she says having the police-branded hijab means Muslim women who may not have considered policing in the past can do so now.

Aired on November 19, 2020

リスニングのポイント

解説：南條健助(桃山学院大学国際教養学部准教授)

オーストラリア英語やイギリス英語では、語の最後にある [r]の音は、母音で始まる語が切れ目なく続く場合にのみ発音される。

4行目のmember of the
[メンブラ(ヴ)ザ]

オーストラリア英語やイギリス英語では、memberのように、語の最後にある [r] の音は発音されませんが、母音で始まる語 (ここではof) が切れ目なく続く場合には、例外的に [r] の音が発音され、その母音とつながります。そ

の結果、member ofの -berの部分に「子音＋弱い母音＋ [r] の音」という連鎖が生じますので、しばしば弱い母音 (つづり字はe) が消えて、memb'r ofのようになります。また、弱く発音されたofの [v] の音も、しばしば消えますので、member of theが memb'r o' the [**メン**ブラザ]のように聞こえます。同様に、matter of factにおいても、matterの [r] の音が発音されることで、-terの部分に「子音＋弱い母音＋ [r] の音」という連鎖が生じますので、弱い母音 (つづり字はe) が消えて、matt'r o' fact [**マ**チュラ(ヴ) **ファ**ックト]のように聞こえます。

より多くのムスリム女性が
警察官を目指すきっかけになるのでしょうか。

ニュージーランド警察、
「ヒジャブ」を制服に

さて、ニュージーランド警察が新たに採用した制服の特徴を発表しましたが、それは特にイスラム教徒の女性向けにデザインされたものです。それは特製ヒジャブで、巡査のひとりであるズィーナ・アリさんが一部をデザインしています。また、彼女は、この新しい制服を身にまとった最初の警察官となりました。そして、彼女が言うには、警察の公式ヒジャブができたことは、かつては警官になるなんて考えなかったであろうイスラム教徒の女性たちが、今ではそういうことを検討できるということなのです。

（2021年3月号掲載）（訳　石黒円理）

重要ボキャブラリー

- ☐ **hijab**
  [hidʒáːb]
  《タイトル》ヒジャブ
  ▶イスラム教徒の女性が身に着けるヘッドスカーフ。

- ☐ **unveil**
  [ʌnvéil]
  〜を公表する、発表する

- ☐ **Muslim**
  [múzlim]
  イスラム教徒の、ムスリムの

- ☐ **constable**
  [kánstəbəl]
  巡査、警察官

- ☐ **garment**
  [gáːrmənt]
  （1点の）衣類、衣服

ニュースのミニ知識

イスラム教徒の女性であるズィーナ・アリさんはフィジー諸島の出身で、幼少時にニュージーランドに移住してきた。2019年、同国の南東に位置するクライストチャーチの2つのモスクがテロリストに襲撃された事件をきっかけに警官を目指すようになった。彼女はヒジャブが警察の制服に導入されたことによって、「より多くの女性が自分も警察官になりたいと思うきっかけになると思う」と語っている。

ゆっくり音声の適切な個所にポーズ（無言の間）が入れてあります。区切り聞きしてみましょう。
また、ポーズのところで、直前に聞き取った英語を自分で声に出すシャドーイング練習をしてみましょう。
自信がついたら、ポーズなしのゆっくり音声で、さらにはナチュラル音声でも練習してみてください。

And police in New Zealand/
have unveiled a new feature on their uniforms,/
designed specifically for Muslim women.//

It's a specially made hijab,/
designed in part by one of their constables, Zeena Ali.//
She was also the first member of the department/
to wear the new garment.//

And she says/
having the police-branded hijab means/
Muslim women who may not have considered policing in the past/
can do so now.//

語注

hijab:《タイトル》ヒジャブ ▶イスラム教徒の女性が身に着けるヘッドスカーフ。 **add A to B:**《タイトル》AをBに加える、追加する	**unveil:** 〜を公表する、発表する **feature:** 特徴、特性 **specifically:** とりわけ、はっきり限定して	**Muslim:** イスラム教徒の、ムスリムの **in part:** 一部は、部分的に **constable:** 巡査、警察官 **garment:** (1点の) 衣類、衣服	**...branded:** …というブランドの **mean (that):** 〜ということを意味する、〜ということになる **consider:** 〜を検討する、考える **policing:** 警察の活動、仕事

ポーズのところで区切った日本語訳です。区切り聞きした英語の意味を確認するほか、
日本語を見て区切られた部分ごとに英語に言い換える「反訳」の練習(日→英サイトトランスレーション)を
すれば発信型の英語力がアップします。

そして、ニュージーランド警察が /
制服の新たな特徴を発表した /
それは特にイスラム教徒の女性向けにデザインされたものだ。//

それは特別に作られたヒジャブだ /
巡査のひとりであるズィーナ・アリさんによって一部がデザインされた。//
彼女は、また、この部署で最初のメンバーだった /
この新しい衣服を着たのは。//

そして、彼女によると /
警察の公式ヒジャブがあるということは次のことを意味する /
つまり、以前は警察官になることを考えなかったかもしれないイスラム教徒の女性たちが /
今では考えることができるのだ。//

Australian

ワンポイント解説

□ 3 行目は、直前の uniforms ではなく、a new feature を後ろから修飾している。

□ 5 行目の in part は挿入句で、designed (in part) by... ということ。

□ 9 行目は直前の she says (that) の従属節で、以降はその従属節の中の従属節。10 ～ 11 行目がその主語。do so は consider policing の意。

□ このニュースと同様の動きは世界で広がっている。2006 年にロンドン警視庁が、2016 年にはスコットランド警察が、それぞれ警官が着用する制服の一部としてヒジャブを認めている。オーストラリアでもビクトリア警察がヒジャブの着用を認めているとのことだ。

オーストラリア英語です。まずは、ナチュラル音声を聞いて内容を推測しましょう。
次に、ページをめくって、ゆっくり音声（ポーズ入り）に進みましょう。

China-Wary India Bans Apps

India has banned 59 mobile apps, including popular social-media platforms like TikTok and WeChat. The country says the apps' activities are prejudicial to the sovereignty, integrity and defense of India. Most of the apps included in the ban are Chinese. This move comes amid tensions between India and China following border clashes earlier this month.

Aired on June 30, 2020

TOEIC-style Questions
内容を正しく把握できたか、TOEIC® L&Rテスト Part 4 形式の問題で確かめましょう。［正解は次ページ］

1. What is reported about India?

(A) It started allowing its citizens to use platforms like TikTok.

(B) It introduced 59 new mobile apps.

(C) It banned many mobile apps.

(D) It announced it will use social-media platforms for national defense.

2. What is given as the reason for India's action?

(A) A Chinese ban on apps from India

(B) Clashes with major social-media companies

(C) The opinion that the apps are harmful to India

(D) Plans to improve India-China relations through social media

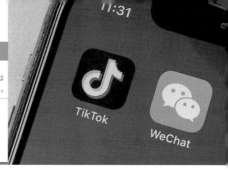

中国製のアプリは
日本でも人気のものが少なくありません。

TikTokなどの中国製アプリに
インドが禁止令

インド政府は、TikTokやWeChatなど、人気のあるソーシャルメディア・プラットフォームを含む59のモバイルアプリを禁止しました。インド政府によれば、これらのアプリの活動は、インドの主権と国家保全および国防にとって有害であるとのことです。禁止令に含まれるアプリのほとんどは中国製です。この措置は、今月のちょっと前に国境付近で起こった武力衝突後、インド・中国間の緊張が高まっているさなかに行われました。

(2020年11月号掲載)(訳　石黒円理)

Australian

重要ボキャブラリー		TOEIC-style Questions の答え	
☐ **be prejudicial to** [prèdʒədíʃəl]	〜に悪影響を与える、害になる	**1.** (C)	
☐ **sovereignty** [sάvərənti]	主権、統治権	**2.** (C)	
☐ **integrity** [intégrəti]	保全性、統合性	設問の語注	
☐ **come amid** [kʌm əmíd]	〜のさなかに行われる	**allow...to do**	…が〜するのを許す
☐ **border clash** [bɔ́:rdər klæ̀ʃ]	国境での武力衝突、国境紛争	**introduce**	〜を紹介する、導入する
		national defense	国防
		be harmful to	〜に害を及ぼす
		improve	〜を改善する

ゆっくり音声の適切な個所にポーズ（無言の間）が入れてあります。区切り聞きしてみましょう。
また、ポーズのところで、直前に聞き取った英語を自分で声に出すシャドーイング練習をしてみましょう。
自信がついたら、ポーズなしのゆっくり音声で、さらにはナチュラル音声でも練習してみてください。

India has banned 59 mobile apps, /
including popular social-media platforms like TikTok and WeChat. //

The country says /
the apps' activities are prejudicial /
to the sovereignty, integrity and defense of India. //
Most of the apps included in the ban are Chinese. //

This move comes amid tensions between India and China /
following border clashes earlier this month. //

語注

…-wary: 《タイトル》…に対して用心深い、…を警戒した	**social-media:** ソーシャルメディアの、SNSの	**be prejudicial to:** 〜に悪影響を与える、害になる	**come amid:** 〜のさなかに行われる
ban: 《タイトル》①〜を禁止する ②禁止令、禁止	**platform:** プラットフォーム ▶アプリの動作の基盤となる環境。	**sovereignty:** 主権、統治権	**tensions:** 緊張関係、緊張状態
app: 《タイトル》アプリ、アプリケーションソフト	**activity:** 活動、動き	**integrity:** 保全性、統合性	**following:** 〜の後で、〜を受けて
		move: 動き、措置	**border clash:** 国境での武力衝突、国境紛争

ポーズのところで区切った日本語訳です。区切り聞きした英語の意味を確認するほか、
日本語を見て区切られた部分ごとに英語に言い換える「反訳」の練習(日→英サイトトランスレーション)を
すれば発信型の英語力がアップします。

インドが59のモバイルアプリを禁止した/
そこにはTikTokやWeChatなど、人気のソーシャルメディア・プラットフォームが含まれている。//

その国が言うには/
これらのアプリの動きは有害なのだ/
インドの主権と国家保全および国防にとって。//
禁止令に含まれるアプリのほとんどは中国製だ。//

この措置が行われるのはインド・中国間の緊張状態のさなかだ/
それに先立って、今月、国境付近で武力衝突があったからだ。//

Australian

ワンポイント解説

□ 2行目のTikTokは中国のバイトダンス社が開発運営する動画投稿プラットフォームで、3行目のWeChatは中国のテンセント社が開発運営するメッセージアプリ。

□ 7行目の過去分詞includedは、the appsを後ろから修飾している。

□ 2020年6月29日、インド政府は中国製アプリを多数含む59のアプリの使用禁止を発表した。その理由として、これらのアプリが、その利用者の個人情報やデータを国外に流出させていることを挙げている。また、一部メディアでは、同年6月にヒマラヤ山脈地帯の係争地で起きた両国の軍事衝突でインド軍兵士が20人死亡したことを受けての対抗措置とも考えられている。

NEWS **18** | ナチュラル音声［1回目］ *Track* **53** | ゆっくり音声［ポーズなし］ *Track* **55** | ナチュラル音声［2回目］ *Track* **80**

オーストラリア英語です。まずは、ナチュラル音声を聞いて内容を推測しましょう。
次に、ページをめくって、ゆっくり音声（ポーズ入り）に進みましょう。

Successful Test of Flying Car

Well, flying cars have been a staple in science fiction for years. Now, a Japanese company is one step closer to making this fantasy a reality. Watch as the pilot of this car takes it out for a test flight. The CEO of the company says his goal is to help create a society where flying cars are a safe and accessible means of transportation. The company will continue to develop the car, with the hopes of launching in 2023.

Aired on August 31, 2020

TOEIC-style Questions

内容を正しく把握できたか、TOEIC® L&Rテスト Part 4 形式の問題で確かめましょう。［正解は次ページ］

1. What is reported about this flying car?

  (A) It will be used in a science-fiction movie.

  (B) It is in the early stages of development.

  (C) It has already been flown in a test flight.

  (D) It is a safe means of transportation.

2. When does the company hope to start selling this flying car?

  (A) It has already started selling it.

  (B) In 2023

  (C) The information is not provided.

  (D) The company does not intend to sell it.

日本の企業が試験飛行を成功させ、
空飛ぶ車の実用化に近づきました。

日本企業による「空飛ぶ車」の実用化が間近!?

さて、空飛ぶ車と言えば長年にわたってSFの定番でした。ところが今、日本のある企業がこの夢想の実現に一歩近づきました。この車のパイロットが屋外で試験飛行するところをご覧ください。同社のCEO（最高経営責任者）によれば、彼の目標は、空飛ぶ車が安全で利用しやすい交通手段となっているような社会を築けるよう、手助けをすることなのだそうです。同社は、2023年の発売開始を目指し、この車の開発を続けていきます。

(2021年1月号掲載)(訳　編集部)

Australian

重要ボキャブラリー

- □ **staple**
  [stéipl]
  なくてはならない要素、定番のもの
- □ **accessible**
  [əksésəbl | æk-]
  利用しやすい、入手しやすい
- □ **means**
  [mí:nz]
  方法、手段
- □ **transportation**
  [træ̀nspɔːtéiʃən]
  輸送、交通
- □ **launch**
  [lɔ́:ntʃ]
  〜を売り出す、発売する

TOEIC-style Questions の答え

1. (C)

2. (B)

設問の語注

stage	段階、局面
development	開発、進展
provide	〜を提供する、与える
intend to do	〜するつもりである

ゆっくり音声の適切な個所にポーズ(無言の間)が入れてあります。区切り聞きしてみましょう。
また、ポーズのところで、直前に聞き取った英語を自分で声に出すシャドーイング練習をしてみましょう。
自信がついたら、ポーズなしのゆっくり音声で、さらにはナチュラル音声でも練習してみてください。

Well, flying cars have been a staple in science fiction/
for years.//
Now, a Japanese company is one step closer/
to making this fantasy a reality.//

Watch as the pilot of this car takes it out for a test flight.//
The CEO of the company says/
his goal is to help create a society/
where flying cars are a safe and accessible means of
transportation.//

The company will continue to develop the car,/
with the hopes of launching in 2023.//

語注

successful: 《タイトル》成功した、うまくいった	**science fiction:** 空想科学小説、SF	**take...out:** …を外へ出す	**transportation:** 輸送、交通
flying car: 《タイトル》空飛ぶ車	**be one step closer to:** 〜に一歩近づいている	**test flight:** 試験飛行	**with the hopes of:** 〜を期待して、〜を目標にして
staple: なくてはならない要素 定番のもの	**fantasy:** 夢想、空想	**accessible:** 利用しやすい、入手しやすい	**launch:** 〜を売り出す、発売する
	reality: 現実、現実のこと	**means:** 方法、手段	

ポーズのところで区切った日本語訳です。区切り聞きした英語の意味を確認するほか、
日本語を見て区切られた部分ごとに英語に言い換える「反訳」の練習（日→英サイトトランスレーション）を
すれば発信型の英語力がアップします。

さて、空飛ぶ車はずっとSFの定番だった /

長年にわたって。//

ところが今、日本のある企業が一歩近づいた /

この夢想の実現に。//

この車のパイロットが屋外で試験飛行するところをご覧いただきたい。//

同社のCEO（最高経営責任者）によれば /

彼の目標は社会を築く手助けをすることで /

その社会では、空飛ぶ車が安全で利用しやすい交通手段になっているのだという。//

同社はこの車の開発を続けていく /

2023年の発売開始を目指して。//

Australian

ワンポイント解説

□ 5行目の Watch は自動詞。他動詞として用いる場合には、Watch the pilot of this car take it out... のような形になる。

□ 8行目の means は、a safe and accessible とあることからも分かるように、単数扱い。「方法、手段」の意味の means は、単複両扱いの可算名詞である。

□空飛ぶ車というアイデアは昔からあるため、世界各国で開発が進められているが、日本では2020年8月、スタートアップ企業の SkyDrive 社がトヨタなどに先がけて有人飛行の公開試験を成功させた。電動のため低騒音・低コスト、運転が簡単、垂直離発着が可能などの利点を持つ空飛ぶ車だが、SkyDrive 社によれば、2023年の実用化が予定されている。

オーストラリア英語です。まずは、ナチュラル音声を聞いて内容を推測しましょう。
次に、ページをめくって、ゆっくり音声（ポーズ入り）に進みましょう。

Winner of the Global Teacher Prize

Now, the 2020 Global Teacher Prize was announced on Thursday in London, Ranjitsinh Disale celebrating with his parents there—pretty excited. Now, he was recognized for promoting girls' education at his village school in western India. He's giving half the prize money to the nine other finalists so they can do good—it's about $55,000 apiece—a truly kind gesture and a lesson for us all. What a good news story.

Aired on December 5, 2020

TOEIC-style Questions
内容を正しく把握できたか、TOEIC® L&Rテスト Part 4 形式の問題で確かめましょう。［正解は次ページ］

1. Where was the winner of the prize announced?

(A) In western India

(B) In London

(C) At a village school

(D) In the West Indies

2. In total, how much of the prize money was the winner going to give to other people?

(A) Around $5,000 of it

(B) Nearly $9,000 of it

(C) About $55,000 of it

(D) 50 percent of it

グローバルティーチャー賞、
受賞者が示した善意

さて、2020年のグローバルティーチャー賞が木曜日にロンドンで発表され、ランジットシン・ディサレさんが両親とお祝いをしています——かなり興奮していらっしゃいますね。さて、ディサレさんが評価されたのは、彼の勤務先である、インド西部の村の学校で、女子教育を推進しているからです。彼は、最終選考に残った他の9人が各自の善い活動に生かせるように、賞金の半分を分かち合うつもりだそうです——その額は1人当たり約5万5000ドルになります——これは実に思いやりのある行いであり、われわれ皆にとってのよい教訓でもあります。なんとよいニュースでしょう。

(2021年4月号掲載)(訳　石黒円理))

Australian

重要ボキャブラリー

☐ **celebrate** [séləbrèit]	祝う、祝杯を挙げる	
☐ **be recognized for** [rékəgnàizd]	～で評価される、認められる	
☐ **promote** [prəmóut]	～を奨励する、推進する	
☐ **apiece** [əpíːs]	1人につき、それぞれにつき	
☐ **gesture** [dʒéstʃər]	（意思表示としての）身ぶり、振る舞い	

TOEIC-style Questionsの答え

1. （B）

2. （D）

設問の語注

the West Indies	西インド諸島
in total	合計で、全部で
around	約～、～くらい
nearly	ほぼ～、～近く

ゆっくり音声の適切な個所にポーズ（無言の間）が入れてあります。区切り聞きしてみましょう。
また、ポーズのところで、直前に聞き取った英語を自分で声に出すシャドーイング練習をしてみましょう。
自信がついたら、ポーズなしのゆっくり音声で、さらにはナチュラル音声でも練習してみてください。

Now, the 2020 Global Teacher Prize was announced/
on Thursday in London,/
Ranjitsinh Disale celebrating with his parents there—/
pretty excited.//

Now, he was recognized for promoting girls' education/
at his village school in western India.//

He's giving half the prize money to the nine other finalists/
so they can do good—/
it's about $55,000 apiece—/
a truly kind gesture and a lesson for us all.//
What a good news story.//

語注

prize:	(be) excited:	finalist:	apiece:
《タイトル》賞、賞金	興奮している、騒いで	最終候補者、決勝戦	1人につき、それぞれに
announce:	いる	出場者	つき
～を発表する、告知す	**be recognized for:**	**so (that):**	**gesture:**
る	～で評価される、認め	～ということになるよう	（意思表示としての）身
celebrate:	られる	に、～するために	ぶり、振る舞い
祝う、祝杯を挙げる	**promote:**	**do good:**	**lesson:**
pretty:	～を奨励する、推進す	善いことをする、善行	教訓、教え
かなり、相当	る	をする	

ポーズのところで区切った日本語訳です。区切り聞きした英語の意味を確認するほか、
日本語を見て区切られた部分ごとに英語に言い換える「反訳」の練習(日→英サイトトランスレーション)を
すれば発信型の英語力がアップします。

さて、2020年のグローバルティーチャー賞が発表された/
木曜日にロンドンで/
ランジットシン・ディサレ氏はそこで両親と祝っている── /
かなり興奮している。//

さて、彼が評価されたのは女子教育を推進しているからだ/
彼の勤務先である、インド西部の村の学校で。//

彼は賞金の半分を最終選考に残った他の9人に与えようとしている/
彼らが善い行いをできるように── /
その額は1人当たり約5万5000ドルだ── /
実に思いやりのある行いであり、われわれ皆にとってのよい教訓だ。//
なんとよいニュースだろう。//

Australian

ワンポイント解説

□ 3行目と4行目は、それぞれ付帯状況を表す
独立分詞構文で、(and) Ranjitsinh Disale (is)
celebrating with his parents there, (and they
are) pretty excited. と語を補って考えると分か
りやすい。

□ 11行目は感嘆文で、後に続く「主語+動詞」
(この場合は this is)が省略された形。

□ 「教育界のノーベル賞」といわれるグローバ
ルティーチャー賞は、ユネスコが後援し、英国
のバーキー財団が2015年に設立した。2020
年は、約140カ国1万2000人を超える候補者
の中から、インドの小学校教員ランジットシン・
ディサレ氏が選ばれた。現地語でも学べる教材
を用意するなど工夫を凝らすことで、村の部族
出身の女子児童の授業出席率を2%から100%
まで引き上げたことが高く評価された。

オーストラリア英語です。まずは、ナチュラル音声を聞いて内容を推測しましょう。
次に、ページをめくって、ゆっくり音声（ポーズ入り）に進みましょう。

Harry and Meghan Drop Royal Bombshell

Oprah Winfrey's stunning interview with the Duke and Duchess of Sussex just aired, and Harry and Meghan did not hold back. They hit on everything from British tabloids to racism, with an overarching message that the couple did not feel supported by the royal family, at one point Meghan admitting she thought about suicide: "I just didn't want to be alive anymore." That was just one of many bombshell claims. Another breathtaking assertion Harry and Meghan make is that when Meghan was pregnant with Archie, there were concerns within the family about what the color of her baby's skin might be.

Aired on March 8, 2021

TOEIC-style Questions
内容を正しく把握できたか、TOEIC L&R®テスト Part 4 形式の問題で確かめましょう。［正解は次ページ］

1. What did Harry and Meghan talk about in the interview?

(A) No holding back
(B) British tabloids and racism
(C) A message from the royal family
(D) Supporting the royal family

2. What breathtaking assertion did Meghan make?

(A) That she thought about suicide
(B) That she was pregnant
(C) That her baby's skin color concerned her
(D) That Archie is a member of the family

TELL-ALL
...aby's skin color
...uld not get
...rity
...de Meghan cry
...felt "trapped"
...stopped taking
...lls
...Will need space

LIVE
CNN
6:01 AM CET
CNN NEWSROOM

ご夫妻はあらゆることを語りましたが、
そこにはいくつも爆弾発言が含まれていました。

メーガン妃の爆弾発言、
英国王室を直撃

オプラ・ウィンフリーさんによるサセックス侯爵ご夫妻の衝撃的なインタ
ビューが、つい先ほど放送されましたが、ハリーとメーガンのご夫妻は発言
をはばかることがありませんでした。彼らは、英国のタブロイド紙から人種
差別まであらゆることを語りましたが、そこに込められた主要なメッセージ
は、王室から支えられているようにご夫妻は感じなかったということです。
インタビューの中で、メーガンさんは、自殺を考えたと告白しています。「と
にかくもう生きていたくないと思ったのです」。それは、たくさんの爆弾発
言のひとつにすぎませんでした。ハリーとメーガンのご夫妻が行ったもうひ
とつの驚くべき主張は、メーガンさんがアーチーくんを身ごもっていたとき、
赤ちゃんの肌はどんな色になるだろうかということに関して、王室内に懸念
があったというのです。

（未掲載）（訳　編集部）

Australian

重要ボキャブラリー

□ **bombshell**
[bɑ́mʃèl | bʌ́m-]

□ **overarching**
[òuvərɑ́:rtʃiŋ]

□ **suicide**
[súːəsàid]

□ **breathtaking**
[bréθtèikiŋ]

□ **make an assertion**
[əsə́:rʃən]

《タイトル》①爆弾発言
②衝撃的な、驚くべき

全体にわたる、主要な

自殺、自殺すること

息をのむような、驚きの

主張する、断言する

TOEIC-style Questions の答え

1. （B）

2. （A）

設問の語注

concern　　～を心配させる、
　　　　　　　～にとって気がか
　　　　　　　りとなる

ゆっくり音声の適切な個所にポーズ（無言の間）が入れてあります。区切り聞きしてみましょう。
また、ポーズのところで、直前に聞き取った英語を自分で声に出すシャドーイング練習をしてみましょう。
自信がついたら、ポーズなしのゆっくり音声で、さらにはナチュラル音声でも練習してみてください。

Oprah Winfrey's stunning interview with the Duke and Duchess of Sussex just aired,/
and Harry and Meghan did not hold back.//

They hit on everything/
from British tabloids to racism,/
with an overarching message/
that the couple did not feel supported by the royal family,/
at one point/
Meghan admitting she thought about suicide:/
"I just didn't want to be alive anymore."//

That was just one of many bombshell claims.//
Another breathtaking assertion Harry and Meghan make/
is that when Meghan was pregnant with Archie,/
there were concerns within the family/
about what the color of her baby's skin might be.//

語注

royal:《タイトル》①王室の②すごい、特級の	**Duke of Sussex:** サセックス公爵	**overarching:** 全般にわたる、主要な	**breathtaking:** 息をのむような、驚きの
bombshell:《タイトル》①爆弾発言②衝撃的な、驚くべき	**Duchess of Sussex:** サセックス公爵夫人	**admit (that):** 〜ということを認める、告白する	**make an assertion:** 主張する、断言する
stunning: 驚くべき、衝撃的な	**hold back:** 本心を隠す、本音を明かすことをはばかる	**suicide:** 自殺、自殺すること	**be pregnant with:** 〜を身ごもっている、妊娠している
	tabloid: タブロイド紙、大衆紙	**claim:** 主張、申し立て	**concern about:** 〜に対する懸念

ポーズのところで区切った日本語訳です。区切り聞きした英語の意味を確認するほか、
日本語を見て区切られた部分ごとに英語に言い換える「反訳」の練習（日→英サイトトランスレーション）を
すれば発信型の英語力がアップします。

オプラ・ウィンフリーによるサセックス侯爵夫妻の衝撃的なインタビューが、
つい先ほど放送された /
そして、ハリーとメーガンは発言をはばかることがなかった。 //

彼らはあらゆることを語った /
英国のタブロイド紙から人種差別まで /
そこに込められた主要なメッセージは /
夫妻には王室から支えられているように思えなかったということだ /
途中で /
メーガンが告白したのは、彼女が自殺を考えたということだ /
「とにかくもう生きていたくないと思った」。 //

それはたくさんの爆弾発言のひとつにすぎなかった。 //
ハリーとメーガンが行ったもうひとつの驚くべき主張は /
メーガンがアーチーを身ごもっていたとき /
王室内に懸念があったというのだ /
赤ちゃんの肌はどんな色になるだろうか、ということに関して。 //

Australian

ワンポイント解説

□ 7 行目の that は同格の従属接続詞。that 以
下が、直前の an overarching message の言い
換え（メッセージの内容の説明）になっている。

□ 13 行目の that は、補語となる名詞節を導く
従属接続詞。when から文末までの全体が補語
節だが、when...with Archie はその節の中の従
属節になっている。

□ 2021 年 3 月 7 日、米国の有名司会者オプラ・
ウィンフリーがハリーとメーガンにインタビュ
ーした特別番組が放送されたが、英国王室批判
と取れるような爆弾発言がいくつも含まれてお
り、世界中で大きな関心を呼んだ。特に米国で
はメーガンを支持する女性セレブの声が多く報
じられている一方、英国ではメーガン発言の真
実性を疑う声が聞かれるなど、国や立場によっ
て、問題の見方・捉え方に違いが出ている。

重要ボキャブラリーや語注として取り上げたものをまとめてあります。訳語の後ろの数字は、その語いが出てくるニュースの番号を示しています（例：N01=News 01）。そのニュースの文脈を思い出しながら覚えると、語いのニュアンスや使い方も身につきます。

A

☐ **a view of:** 〜の景色、眺め N03
☐ **A-turned-B:** A から B になったもの N13
☐ **able-bodied:** 五体満足な、健常な N09
☐ **accessible:** 利用しやすい、入手しやすい N18
☐ **activity:** 活動、動き N17
☐ **add A to B:** A を B に加える、追加する N16
☐ **admit that:** 〜ということを認める、告白する N20
☐ **African giant pouched rat:** アフリカオニネズミ N04
☐ **allow...to do:** …が〜できるようにする N06
☐ **announce:** 〜を発表する、告知する N19
☐ **antigovernment:** 反政府の、反政府的な N01
☐ **antimonarchy:** 反君主制の、反君主的な N01
☐ **apiece:** 1 人につき、それぞれにつき N19
☐ **app:** アプリ、アプリケーションソフト N17
☐ **apparently:** どうやら〜らしい N10
☐ **Arctic:** 北極の、北極圏の N12
☐ **athlete:** 運動選手、アスリート N10

B

☐ **ban:** ①〜を禁止する ②禁止令、禁止 N17
☐ **bare hands:** 素手 N11
☐ **be at a...high:** …の高さである N15
☐ **be damaging to:** 〜に害をなす、損害を与える N07
☐ **be excited:** 興奮している、騒いでいる N19
☐ **be hopeful that:** 〜ということを期待している N06
☐ **be named:** 〜と名付けられる、〜という名前である N04
☐ **be on leave from:** 公式に〜を離れている N13
☐ **be on one's way from A to B:** A から B へ向かう途中である N12
☐ **be on track to be:** 〜になろうとしている、なる道を進んでいる N15
☐ **be one step closer to:** 〜に一歩近づいている N18
☐ **be pregnant with:** 〜を身ごもっている、妊娠している N20
☐ **be prejudicial to:** 〜に悪影響を与える、害になる N17
☐ **be recognized for:** 〜で評価される、認められる N19
☐ **be...high:** 高さ…である N02
☐ **be...wide:** 幅…である N02
☐ **Belgium:** ベルギー N03
☐ **billionaire:** （10 億ドル以上の）億万長者、大富豪 N05
☐ **bomb:** 爆弾 N04
☐ **bombshell:** ①爆弾発言 ②衝撃的な、驚くべき N20
☐ **boost:** 〜を引き上げる、上昇させる N09
☐ **border clash:** 国境での武力衝突、国境紛争 N17
☐ **...branded:** …というブランドの N16
☐ **break:** 〜を中断する、遮断する N08
☐ **break apart:** ばらける、分裂する N11
☐ **breakdancing:** ブレイクダンス N10
☐ **breathtaking:** 息をのむような、驚きの N20

☐ **bring about:** 〜をもたらす、引き起こす N14

C

☐ **call for:** 声を上げて〜を求める、要求する N01
☐ **capture:** 〜を捉える、撮影する N14
☐ **carbon-dioxide:** 二酸化炭素の、炭酸ガスの N15
☐ **carve:** （浸食などで）〜を形成する、形作る N14
☐ **catastrophic:** 壊滅的な、悲惨な N14
☐ **celebrate:** 祝う、祝杯を挙げる N19
☐ **chain:** 連鎖、つながり N08
☐ **channel:** 水路、川床 N14
☐ **charity:** 慈善、慈善団体 N04
☐ **claim:** 主張、申し立て N20
☐ **combined:** 合わせた、合計した N05
☐ **come amid:** 〜のさなかに行われる N17
☐ **concern about:** 〜に対する懸念 N20
☐ **conflict:** 紛争、戦争 N04
☐ **confront:** 〜に立ち向かう N13
☐ **consider:** 〜を検討する、考える N16
☐ **constable:** 巡査、警察官 N16
☐ **Constitution:** 憲法 N01
☐ **continue:** 続く、継続する N08
☐ **convicted:** 有罪判決を受けた N13
☐ **coral reef:** サンゴ礁 N02
☐ **cover the cost of:** 〜の費用をまかなう、支払う N08
☐ **COVID:** = coronavirus disease　コロナウイルス感染症 N15
☐ **crater:** クレーター N14
☐ **credit...for doing:** 〜できるのは…のおかげだと見なす N06
☐ **crowd:** 群衆、大勢の人々 N01
☐ **currently:** 目下、現在 N13
☐ **Dairy Queen:** デイリー・クイーン（アメリカのハンバーガーチェーン）N08
☐ **Death Valley:** デスバレー N15

D

☐ **debut:** 初登場、デビュー N09
☐ **defer:** 〜を延期する、先送りする N09
☐ **...degrees Fahrenheit:** 力氏…度 N15
☐ **demand:** 〜を要求する、求める N01
☐ **detached:** 分離した、孤立した N02
☐ **diabolical ironclad beetle:** コブゴミムシダマシ N06
☐ **discover:** 〜を発見する、見つける N02
☐ **discovery:** 発見 N02
☐ **do good:** 善いことをする、善行をする N19
☐ **dozens of:** 数十の、多数の N04
☐ **drive-through:** ドライブスルー N08
☐ **Duchess of Sussex:** サセックス公爵夫人 N20
☐ **Duke of Sussex:** サセックス公爵 N20

E

☐ **earner:** 稼ぐ人、稼ぎ手 N05
☐ **effort:** 取り組み、努力 N10

- □ evidence: 証拠、痕跡 N14
- □ exclude: 〜を除外する、排除する N10
- □ explosive: 爆発物、爆薬 N04

F

- □ fantasy: 夢想、空想 N18
- □ fatally: 致命的に、死ぬほどに N13
- □ feature: ①〜を呼び物にする、売りにする　②特徴、特性 N03、N16
- □ finalist: 最終候補者、決勝戦出場者 N19
- □ fleet: 船隊、船団 N12
- □ flooding: 洪水、氾らん N14
- □ flying car: 空飛ぶ車 N18
- □ following: 〜の後で、〜を受けて N17
- □ former: 以前の、先の N05
- □ fortune: 富、財産 N05
- □ from A through to B: A から B までずっと N12
- □ fuel: 燃料 N11

G

- □ garment: (1 点の) 衣類、衣服 N16
- □ gesture: (意思表示としての) 身ぶり、振る舞い N19
- □ get to do: 〜することができる、許される N09
- □ global warming: 地球温暖化 N15
- □ go on: 続く、継続する N08
- □ grant an exception for: 〜を特例とする、例外として認める N09
- □ grim: ぞっとするような、暗い内容の N15

H

- □ hear of: 〜のことを耳にする N08
- □ hijab: ヒジャブ (イスラム教徒の女性が身に着けるヘッドスカーフ) N16
- □ hit: 〜を襲う、〜に打撃を与える N11
- □ hold back: 本心を隠す、本音を明かすことをはばかる N20

I

- □ icebreaker: 砕氷船 N12
- □ icebreaking: 砕氷の N12
- □ improve: 〜を向上させる N09
- □ in part: 一部は、部分的に N16
- □ in sales: 売上の、販売の N08
- □ in turn: その結果、今度は N14
- □ incredible: 信じられない、途方もない N05
- □ influence over: 〜に対する影響力 N10
- □ integrity: 保全性、統合性 N17
- □ interlocking: かみ合っている、連結している N06
- □ it's the first time that: 〜は初めてのことだ N02

J

- □ jab: 〜を突く、突き刺す N13

K

- □ keep going: し続ける、やり続ける N08
- □ keep tabs on: 〜を監視する、把握する N07
- □ kind of: 多少、ちょっと N03

L

- □ landmine-detection: 地雷探知の N04
- □ launch: 〜を売り出す、発売する N18

- □ lesson: 教訓、教え N19
- □ lid: ふた、ふた状のもの N06
- □ litter: 〜に散らばる、点在する N04
- □ live: ①生中継で、ライブで　②生きた、生きている N01、N03

M

- □ maim: 〜に障害が残るほどの重傷を負わせる N04
- □ make a discovery: 発見する、見つける N02
- □ make an announcement: 発表する、公表する N10
- □ make an assertion: 主張する、断言する N20
- □ make one's debut: デビューする、初登場する N10
- □ mandatory: 義務的な、強制的な N09
- □ map: 〜の地図を作る、描く N02
- □ marine life: 海洋生物 N07
- □ marine research: 海洋研究、海洋調査 N07
- □ Mars: 火星 N14
- □ material: 素材、材料 N06
- □ Mauritius: モーリシャス N11
- □ mayor: 市長 N05
- □ mean that: 〜ということを意味する、〜ということになる N16
- □ means: 方法、手段 N18
- □ mercy: 慈悲、容赦 N13
- □ meteor: 隕石 (いんせき)、流星 N14
- □ might've: = might have N08
- □ mile per hour: 時速〜マイル (1 マイルは約 1.6 キロメートル) N12
- □ military service: 兵役 N09
- □ monarchy: 君主制 N01
- □ move: 動き、措置 N17
- □ murderer: 殺人者、殺人犯 N13
- □ Murmansk: ムルマンスク (モスクワの北約 2000 キロにある港湾都市) N12
- □ Muslim: イスラム教徒の、ムスリムの N16

N

- □ narwhal: イッカク (北極洋にすむクジラの一種) N13
- □ net worth: 純資産 (資産総額から負債総額を差し引いた金額を指す) N05
- □ northern: 北の、北部の N02
- □ nuclear-powered: 原子力で動く、原子力を利用した N12

O

- □ of sorts: 一種の、ある種の N13
- □ off: 〜の沖合で、〜沖で N02、N11
- □ oil spill: 石油流出、原油流出 N11
- □ on record: 史上、記録上 N15
- □ one's own: 自分自身の、自分専用の N03
- □ overarching: 全般にわたる、主要な N20

P

- □ pandemic: (感染症の) 世界的大流行、パンデミック N05
- □ pardon: 恩赦、減刑 N13
- □ parliament: 国会、議会 N09
- □ pay-it-forward: ペイフォワードの、恩送りの N08
- □ phenomenon: 出来事、現象 N08、N09
- □ platform: プラットフォーム (アプリの動作の基盤となる環境) N17

- [ ] **policing**: 警察の活動、仕事 N16
- [ ] **postpone**: ～を延期する、先送りする N09
- [ ] **pretty**: かなり、相当 N06, N19
- [ ] **prize**: 賞、賞金 N19
- [ ] **promote**: ～を奨励する、推進する N19
- [ ] **propose**: ～を提案する N19
- [ ] **protest**: 抗議、抗議行動 N01
- [ ] **protester**: 抗議者，デモ参加者 N01
- [ ] **push A through B**: B の中で A を進める N07

R

- [ ] **rainy season**: 雨季 N14
- [ ] **reach**: ～に達する、至る N15
- [ ] **reality**: 現実、現実のこと N18
- [ ] **record**: 記録的な、空前の N15
- [ ] **reduce a sentence**: 刑を減じる、減刑する N13
- [ ] **reform**: 改革、改善 N01
- [ ] **removal**: 解任、免職 N01
- [ ] **reservoir**: 帯水層、貯留層 N14
- [ ] **ripple**: さざ波、波紋 N14
- [ ] **rodent**: 齧歯（げっし）動物 N04
- [ ] **rover**: 惑星探査機、探査車 N14
- [ ] **royal**: ①王室の　②すごい、特級の N20
- [ ] **run aground**: 座礁する、浅瀬に乗り上げる N11
- [ ] **run over**: （車などで）～をひく N06
- [ ] **Saint Petersburg**: サンクトペテルブルク（ロシア第 2 の都市）N12

S

- [ ] **satellite**: 人工衛星 N11
- [ ] **science fiction**: 空想科学小説、SF N18
- [ ] **scoop up**: ～をすくい上げる、くみ上げる N11
- [ ] **sea floor**: 海底、海洋底 N02
- [ ] **searing**: 灼熱（しゃくねつ）の、焼けつくような N15
- [ ] **skyscraper**: 超高層ビル、摩天楼 N02
- [ ] **slick**: = oil slick　油膜 N11
- [ ] **sniff out**: ～を嗅ぎ分ける、嗅ぎつける N04
- [ ] **so that**: ～ということになるように、～するために N19
- [ ] **social-media**: ソーシャルメディアの、SNS の N17
- [ ] **sovereignty**: 主権、統治権 N17
- [ ] **specifically**: とりわけ、はっきり限定して N16
- [ ] **spill A into B**: A を B に流出させる N11
- [ ] **squid**: イカ N07
- [ ] **squirt along**: 液体を噴出させながら進む N07
- [ ] **stab**: （刃物で）～を刺す N13
- [ ] **staple**: なくてはならない要素、定番のもの N18
- [ ] **start at**: ～から始まる、～からある N03
- [ ] **stunning**: 驚くべき、衝撃的な N20
- [ ] **successful**: 成功した、うまくいった N18
- [ ] **suicide**: 自殺、自殺すること N20
- [ ] **surprise**: 思いがけない、驚きの N02

T

- [ ] **tabloid**: タブロイド紙、大衆紙 N20
- [ ] **taboo**: 触れてはならない、タブーの N01
- [ ] **take part in**: ～に参加する、加わる N01
- [ ] **take...out**: …を外へ出す N18
- [ ] **tanker**: タンカー、油槽船　 N11
- [ ] **temperature**: 気温、温度 N15

- [ ] **tensions**: 緊張関係、緊張状態 N17
- [ ] **terror attack**: テロ攻撃、テロ事件 N13
- [ ] **test flight**: 試験飛行 N18
- [ ] **Thai**: タイ人 N01
- [ ] **Thailand**: タイ、タイ国 N01
- [ ] **the Bering Strait**: ベーリング海峡 N12
- [ ] **the Great Barrier Reef**: グレートバリアリーフ N02
- [ ] **the Institute for Policy Studies**: 政策研究所 N05
- [ ] **the International Olympic Committee**: 国際オリンピック委員会（略称 IOC）N10
- [ ] **the Northern Sea Route**: 北極海航路 N12
- [ ] **the point**: 重要な点、肝心なところ N03
- [ ] **the University of California San Diego**: カリフォルニア大学サンディエゴ校（略称 UCSD）N07
- [ ] **there is a long list of**: ～の長いリストがある、～がたくさんある N03
- [ ] **tick**: （カチカチいう時計のように）きちんと作動する、正常に動く N06
- [ ] **top out at**: 最高で～となる N07
- [ ] **total value**: 総額、合計額 N08
- [ ] **toughness**: 強じん性、硬さ N06
- [ ] **transportation**: 輸送、交通 N18
- [ ] **trillion**: 1 兆 N05
- [ ] **turn out**: 集まってくる、出てくる N11
- [ ] **tusk**: 牙 N13

U

- [ ] **unveil**: ～を公表する、発表する N16
- [ ] **upcoming**: 近いうちに行われる、もうすぐの N10
- [ ] **urban**: 都会的な、都市の N10

V

- [ ] **vaporize**: ～を気化させる N14
- [ ] **venue**: 会場、場所 N03
- [ ] **vessel**: 船、船舶 N12
- [ ] **veterinary**: 獣医の、獣医学の N04
- [ ] **viral**: （ネットなどで）広く拡散された、バズった N13
- [ ] **vote to do**: ～することを投票で決める N09

W

- [ ] **walrus**: セイウチ N03
- [ ] **want...to do**: …に～してほしいと思う、望む N03
- [ ] **warning on**: ～に対する警告、警鐘 N15
- [ ] **...-wary**: …に対して用心深い、…を警戒した N17
- [ ] **wash ashore**: 岸に打ち寄せる、流れ着く N11
- [ ] **wealth**: 富、財産 N05
- [ ] **wealthy**: 裕福な、お金持ちの N05
- [ ] **weapon**: 兵器、武器 N04
- [ ] **whopping**: とてつもなく大きい、途方もない N05
- [ ] **with the hopes of**: ～を期待して、～を目標にして N18
- [ ] **wolf**: オオカミ（複数形は wolves）N03

Y

- [ ] **youthful**: 若々しい、はつらつとした N10

Z

- [ ] **zoo**: 動物園 N03

本書のご購入者は、下記URLまたは QR コードから申請していただければ、
本書のMP3音声と電子書籍版 (PDF) を無料でダウンロードすることができるようになります。

申請サイト URL（ブラウザの検索窓ではなく「URL 入力窓」に入力してください）

https://www.asahipress.com/cnnnl/spr21nats/

●スマートフォン/タブレットなどで音声再生をされる方は、 App Store または Google Play から右記の音声再生アプリを端末にインストールしてご利用ください。

［音声再生アプリ］
リスニング・トレーナー

●パソコンの場合は、通常お使いの音声再生ソフトをご利用ください。

【注意】
●PDF は本書の紙面を画像化したものです。
●本書初版第1刷の刊行日 (2021年4月10日) より1年を経過した後は、告知なしに上記申請サイトを削除したりMP3音声・電子書籍版(PDF)の配布をとりやめたりする場合があります。あらかじめご了承ください。

［音声＆電子書籍版付き］
CNN ニュース・リスニング 2021［春夏］

2021 年 4 月 10 日　初版第 1 刷発行
2021 年 6 月 25 日　　　第 2 刷発行

編　集　　　『CNN English Express』編集部
発行者　　　原 雅久
発行所　　　株式会社 朝日出版社
　　　　　　〒101-0065 東京都千代田区西神田 3-3-5
　　　　　　TEL: 03-3263-3321　FAX: 03-5226-9599
　　　　　　郵便振替 00140-2-46008
　　　　　　https://www.asahipress.com（HP）　https://twitter.com/asahipress_com（ツイッター）
　　　　　　https://www.facebook.com/CNNEnglishExpress（フェイスブック）
印刷・製本　凸版印刷株式会社
DTP　　　　有限会社 ファースト
音声編集　　ELEC（一般財団法人 英語教育協議会）
表紙写真　　Getty Images
装　丁　　　岡本 健 + 藤原由貴（岡本健 +）